Marc Augé

Die Zukunft der Erdbewohner

Marc Augé

Die Zukunft der Erdbewohner

Ein Manifest

Aus dem Französischen
von Daniel Fastner

Inhalt

Vorwort

Dieses Buch ist aus einem Konferenzvortrag in Turin 2013 hervorgegangen. Schon immer hat mich die große Nachfrage und das Engagement der interessierten Öffentlichkeit in Italien beeindruckt, die sich mit Tatkraft und bemerkenswerter Aufmerksamkeit an den Festivals, Symposien und Konferenzen beteiligt. Als Redner wird man von einem derart aktiven Publikum mitgerissen und bemüht sich, nach dem Vortrag auf die einem gestellten Fragen und Kommentare einzugehen. Doch die Zeit ist beschränkt, die Referenten sind zahlreich, sodass man, selbst wenn man sich ernsthaft bemüht und ein geneigtes und gebildetes Publikum vor sich hat, selten Gelegenheit bekommt, den eigenen Vorschlag in das Gesamtprojekt einzubetten, das ihm erst seine ganze Bedeutung gibt.

Die Einwürfe nun zu veröffentlichen, ist eine wunderbare Idee. Sie aber gar zu einer Langfassung auszuarbeiten, also gewissermaßen die Fortführung der bloß andeutungshaften Diskussionen, skizzenhaften Erklärungen und allzu kurzen Antworten eines Abends zu einem Buch zu machen, stellt eine höchst erfreuliche Gelegenheit dar.

Allerdings geht dabei immer etwas von der Intensität des direkten Austauschs verloren, etwas, das wieder aufleben zu lassen ganz unmöglich ist und das durch etwas anderes ersetzt werden muss. Dieses andere ist all das, was der Autor im Kopf gehabt haben mag, als er seinen Vortrag hielt, aber nicht unterbringen konnte, ohne sein Publikum zu überfordern und es den Faden verlieren zu lassen – selbst wenn einige der nachher aufgeworfenen Fragen diese Lücke füllen halfen, so geschah das zwangsläufig nur unvollständig, übereilt und ungenügend.

Die Abfassung dieses Büchleins bot mir also die Gelegenheit, zu der Freiheit des Austauschs zurückzukehren, wie er im Anschluss an eine Konferenz stattfinden mag, diesen aber durch Einbindung in die Logik eines zusammenhängenden Gedankengangs in eine disziplinierte Form zu bringen.

Das erste Kapitel handelt im Wesentlichen von der Utopie und dem Möglichen – in Anlehnung an das Thema der Konferenz, die den Anlass zu diesen Überlegungen gab. Die späteren Kapitel behandeln Aspekte dieses offen gesagt riesigen wie ambitionierten Themas, indem ich es zu meinen Forschungen und zugleich zu jenen Problemen ins Verhältnis setze, die die beschleunigte Entwicklung unserer Geschichte hervorruft. Die Diskussion der Beziehungen zwischen Utopie und dem Möglichen lädt dazu ein, die Fortschrittsfrage neu aufzugreifen, die sich den Gesellschaften zwangsläufig wieder stellt angesichts des größeren Maßstabs, der ihnen von der technologischen Globalisierung und der Verbreitung makrophysikalischen Wissens aufgezwungen wird.

Konkret laden diese Fragen, die uns alle betreffen, dazu ein, sich einerseits über die Voraussetzungen der gegenwärtigen Situation klar zu werden, andererseits über die Beziehungen zwischen dem Einzelnen und der Gemeinschaft nachzudenken und sich über die notwendigen Konstituenten des symbolischen Denkens Rechenschaft abzulegen: den Raum, die Zeit und die Fähigkeit der Anthropologie, Antworten auf diesen gesamten Fragenkomplex zu geben. Wir werden uns also fragen, ob die Epoche, in der wir leben, nicht dem Ende der Vorgeschichte der Menschheit als Weltgesellschaft gleichkommt, und den Beziehungen zwischen Ethnofiktion, Fiktion und Utopie nachgehen. Manche Passagen betreffen die besonders problematische politische Situation der Gegenwart und antizipieren Fragen, die mir meine Zuhörer von gestern heute zweifellos stellen würden.

All das hat mich veranlasst, die Perspektive eines Anthropologen der Gegenwart und heutigen Welt einzunehmen. Daher konnte ich auch nicht darauf verzichten, neu über die Natur der anthropologischen Forschung und ihre besondere Bedeutung in der sogenannten globalen Welt nachzudenken.

Vom Utopischen zum Möglichen

Die Utopien des 19. Jahrhunderts zerschellten im 20. Jahrhundert an der harten Realität der Geschichte. Gegenwärtig erleben wir eine ökonomische und technologische Globalisierung. Wir leben in einer Welt der unmittelbaren Bilder und Nachrichten, die uns das Gefühl ständiger Gegenwart vermitteln. Die letzte Utopie, die Utopie vom »Ende der Geschichte« (Fukuyama) und von der liberalen Gesellschaft, steht nun ihrerseits auf dem Prüfstand. Um die Zukunft als möglich zu denken, greifen wir auf das Modell des wissenschaftlichen Denkens zurück, das sich auf die Hypothese als Methode stützt, und auf zwei Prinzipien: das Denken von den Zwecken her; und die Auffassung, dass der Mensch in seinen drei Dimensionen als Individuum, Kultur und Gattung die einzige Priorität darstellt.

Das große Paradox unserer Epoche ist: Wir wagen es nicht mehr, uns die Zukunft vorzustellen, obgleich uns der Fortschritt der Wissenschaft Zugang zum unendlich Großen wie auch zum unendlich Kleinen ermöglicht. Die Wissenschaft schreitet mit solcher Geschwindigkeit voran, dass wir heute unmöglich sagen könnten, wie unser Wissensstand in fünfzig Jahren aussehen wird – was im historischen Maßstab betrachtet doch nur eine winzige Zeitspanne darstellt.

Dieses Paradox ist umso erstaunlicher, als mit dem wissenschaftlichen Fortschritt technologische Erfindungen und Innovationen einhergehen, die Auswirkungen auf das soziale Leben der Menschen haben. Die Kommunikationstechnologien eröffnen theoretisch jedem Einzelnen vielfältige Beziehungsmöglichkeiten. Die Fernverkehrsmittel erlauben theoretisch jedem Einzelnen, um die Welt zu reisen. Und die Vertriebsnetze erweitern die Konsummöglichkeiten. Gleichzeitig wird die weltweite Zusammenarbeit der Wissenschaftler und Forscher für den Fortschritt der Wissenschaft immer mehr zur Notwendigkeit: So teilen sie ihre Ergebnisse mit der Wissenschaftsgemeinde, oder sie arbeiten direkt zusammen, wie beispielsweise am CERN (Conseil européen pour la recherche nucléaire, Europäische Organisation für Kernforschung) in Genf, das sich wie der realutopische moderne Entwurf eines dem Wissen und der Grundlagenforschung gewidmeten internationalen Gemeinschaftslebens ausnimmt.

Das ist der entscheidende Punkt, von dem alle unsere Erwartungen, aber auch alle unsere Befürchtungen ausgehen: die enge Verflechtung von wissenschaftlichem und sozialem Leben, von Wissenschaftsgeschichte und allgemeiner Geschichte und schließlich von wissenschaftlichem Fortschritt und wirtschaftlicher Entwicklung. Das 20. Jahrhundert war das Jahrhundert des Endes der Utopien – der »großen Erzählungen« des 19. Jahrhunderts, um den Ausdruck des Philosophen

Lyotard[1] zu bemühen –, die in sozialen und politischen Abscheulichkeiten mündeten. Und es war auch das Jahrhundert der wissenschaftlichen Experimente mit teilweise tödlichen Folgen, wenn sie direkt in den Lauf der Menschheitsgeschichte eingriffen, wie im Fall der verschiedenen Waffen, die aus der Kernforschung hervorgingen.

Wir wissen, dass Wissenschaft heute Geld erfordert und nur in den reichen Ländern Fortschritte machen kann, dass die Unterscheidung zwischen Grundlagenforschung und angewandter Forschung relativ ist, da erstere die technischen Instrumente entwickelt, auf die letztere angewiesen ist, kurz, dass Wissenschaftsgeschichte und politische Geschichte noch nie in solchem Maße voneinander abhängig waren.

Die Krise, von der man heute auf ökonomischer und finanzwirtschaftlicher Ebene spricht, hat möglicherweise tiefere Ursachen, die genau an der Verzahnung beider Seiten der Geschichte hängen, diesem relativ neuen Phänomen, das wir erst verstehen müssen, um die Folgen ermessen zu können.

Die liberale Utopie, an die Fukuyama unter dem Stichwort »Ende der Geschichte«[2] dachte, hat bereits jetzt einer globalen Oligarchie Platz gemacht, deren innere Ungleichheit immer weiter zunimmt. Die von Derrida[3] an Fukuyama gestellte Frage – ob das »Ende der Geschichte«, verstanden als verallgemeinertes Einvernehmen hinsichtlich der optimalen Regierungsform, eine beobachtbare Realität oder eine utopische Projektion darstellt – hat ihre Antwort erhalten. Wir befinden uns inmitten einer Utopie, die im Begriff ist, sich in genau dem Moment aufzulösen, da sie versucht, Realität zu werden: die Utopie des fruchtbaren und unumstößlichen Bündnisses zwischen repräsentativer Demokratie und freiem Markt auf globaler Ebene. Regime, die nichts Demokratisches an sich haben, kommen mit dem freien Markt glänzend zurecht; die Finanzspekulation übertrumpft die Logik von Produktion und sozialem Wohlstand. Im Bereich des Wissens und der ökonomischen Ressourcen geht die Schere zwischen den Vermögendsten und den Bedürftigsten immer weiter auseinander, auch in den Entwicklungsländern. Wir bewegen uns auf eine Drei-Klassen-Welt zu, geteilt in die Mächtigen, die Konsumenten und die Ausgeschlossenen.

Die Mächtigen dieser und der kommenden Welt bilden keine einheitliche Gruppe: Sie gehören teils der wirtschaftlichen, teils der politischen, teils der wissenschaftlichen Sphäre an, doch zusammen konstituieren sie den Bereich, in dem die Zukunft des herrschenden Systems Gestalt annimmt. Die Konsumenten bilden den Motor dieses Systems; sie müssen konsumieren, damit das System funktioniert; der ganze Apparat direkter und indirekter Werbung verlockt sie dazu auf alle erdenklichen Weisen: Die von Schumpeter theoretisierte Idee der Innovation tritt an die Stelle der Zukunft. Technologische Innovation zeichnet uns heute in groben Zügen das Grundmuster einer vernetzten Welt, in der sich die sozialen Netze als Ort des Kontakts und des Austauschs, der Kultur und der Verständigung darstellen. Die Netzwerke selbst sind der bevorzugte Ort und Gegenstand des Konsums, denn die Technologie, auf der ihre stetig gesteigerte Leistungsfähigkeit beruht, materialisiert sich auf dem Markt in Form unablässig erneuerter Produkte, die in einem fort ihr eigenes Bild verbreiten und reproduzieren. Es geht die Vorstellung um, dass diese Produkte ein Element des Wissensfortschritts darstellen, und die Virtuosität einiger ihrer Anwendungen kann diese gefährlich illusorische Vorstellung noch festigen – illusorisch, weil sie Zweck und Mittel, Botschaft und Medium, Übermittlung und Aneignung, Wissen und Anerkennung verwechselt. Die Realität der Globalisierung ist weit entfernt von den Idealen einer weltumspannenden Vergesellschaftung (*planétarisation*), einer Weltgesellschaft, deren rechtlich und faktisch gleiche und freie Bürger sich den Raum im Interesse des gemeinsamen Nutzens teilen. Der Markt umspannt die gesamte Erde, doch die unterbezahlten Arbeiter stehen auf der einen und die mehr oder weniger begüterten Konsumenten auf der anderen Seite.

Ungeachtet der Ungleichheiten, die vom Primat des Technologischen und den im Konsumbereich dadurch hervorgerufenen Veränderungen potenziert werden, verbreitet das System das Bild einer Welt der Allgegenwart und Unmittelbarkeit, das dazu tendiert, die wirklichen Existenzbedingungen zu verdecken und die symbolischen Grundlagen, auf denen das gesamte soziale Leben fußt, zu untergraben. Nun sind die Illusion des Wissens und die Verkümmerung des Symbolischen aber die Folge derselben technologischen Entwicklung, die zu den neuen Errungenschaften der

Grundlagenforschung beiträgt. Jeder Versuch, die Zukunft zu denken, muss sich vorab diese Schwierigkeit bewusst machen. Unsere Einschätzung dessen gewinnen wir durch den kontrastierenden Vergleich zwischen dem Lokalen und dem Globalen, zwischen den in den großen urbanen Zentren vorherrschenden sozialen Ungleichheiten und dem von den Medien verbreiteten Bild harmonischen Fließens oder auch zwischen dem Leerlauf des sozialen und wirtschaftlichen Lebens und der Unmittelbarkeit der Kommunikation. Das wirkliche soziale Leben benötigt Zeit und Raum: Sie stellen den Grundstoff der bestehenden, gedachten und repräsentierten Beziehungen zwischen dem einen und dem anderen, dem einen und den anderen, den einen und den anderen dar.

Will man das Wirkliche nicht mit illusorischen Metaphern verklären, müssen bei der Beobachtung drei Größenmaßstäbe auseinandergehalten werden.

Seit Langem bevölkern die Menschen das Universum mit ihren Träumen, ihren Mythen und ihren Göttern, indem sie nach ihnen die Sterne und Sternkonstellationen benennen, um sich diesen zu nähern. Heute können wir den so ambitionierten wie lächerlichen Charakter dieses Unterfangens ermessen. Im Maßstab des bekannten Universums – Milliarden von Sonnensystemen in unserer Galaxie und Milliarden von Galaxien in diesem Universum –, in dem sich die Dimensionen der Zeit und des Raums überschneiden und sich uns entziehen, erschöpft sich schnell unsere unsere Fantasie, die nicht ausreicht, sich das Unvorstellbare vorzustellen. Wir müssen unseren Garten bestellen, empfahl Voltaire, will sagen, im Maßstab unserer eigenen Geschichte verbleiben.

Im planetaren Maßstab befinden wir uns auf einer Zwischenstufe. Selbst wenn wir anfangen, die Eroberung der näheren Umgebung (Mond, Mars) ins Visier zu nehmen, verschiebt die Wissenschaft allzu langsam die Grenzen des Unbekannten und Unendlichen vor unseren Augen. Gleichwohl gewöhnen wir uns zunehmend an den Übergang zur planetaren Größenordnung, der der technologischen und medialen Globalisierung korrespondiert. Die griechische Götterwelt hat den Himmel verlassen. Stattdessen projizieren sich die neuen internationalen Idole mitten in unser Privatleben hinein. Sie tragen zudem zu unserer Überzeugung bei, dass sich auch für jeden von uns die zeitlichen und räumlichen Dimensionen radikal verändern – was halb wahr und halb eine Illusion ist.

Die Illusion löst sich auf lokaler Ebene auf, selbst wenn die Zunahme und Miniaturisierung der Technologien sie tendenziell bis ins Innerste der einzelnen Körper ausdehnt. Wir leben immer noch, jeder für seinen Teil, in den konkreten Schichten der Zeit und des Raums, was die Staus im Stadtverkehr ebenso beweisen wie beispielsweise die Diskussionen über das Renteneintrittsalter oder über die Formen der Arbeitsverträge.

Was uns beunruhigt, ist im Grunde, dass wir nicht wissen, worauf wir zusteuern. Die Utopien des 19. Jahrhunderts beschrieben die Welt, wie sie sie anstrebten. Die großen Religionen waren und bleiben auch teilweise beseelt von einem Bekehrungseifer, der seinen Ursprung in ihren Gründungsmythen hat. Die Vergangenheit liefert in dieser Perspektive zugleich ein Modell, einen Orientierungspunkt und ein Vorbild für das eigene Handeln. Die Welt, die sich heute um jeden von uns schließt, ist die Welt der Technologie, die sich schneller entwickelt hat als die Gesellschaft. Wir erschöpfen uns im Konsum der Geräte, die sie uns aufzwingt. Im Ganzen betrachtet haben wir das Gefühl, nicht von der Vergangenheit bestimmt zu sein, sondern von einer Zukunft eingesaugt zu werden, über die wir uns noch keine Gedanken gemacht haben und die uns schwindeln lässt. Die heutigen Kommunikationstechnologien haben etwas von den Experimenten des Zauberlehrlings an sich. Dieser Aspekt unserer gegenwärtigen Lage, verbunden mit den wachsenden ökonomischen Ungleichheiten und den massiven Verwerfungen, die sie nach sich ziehen, erklärt in gewissem Maße die Angst, die uns die Zukunft macht. Wenn wir nicht mehr nach der Zukunft greifen, dann weil es eher die Zukunft selbst ist, die nach uns greift.

Wie wieder Fuß fassen in einer Situation, die in gewisser Hinsicht einer Flucht nach vorne ähnelt? Mir scheint, dass wir nur ausgehend von einfachen und klaren Feststellungen den Ansatz einer Antwort ins Auge fassen können. Auf die Gefahr hin, dass dogmatisch erscheint, was nur Ausdruck ehrgeiziger Bescheidenheit sein soll, fasse ich diese Antwort in drei Punkten zusammen: Methode, Gegenstand und Prinzip.

Bei dem Methodenpunkt geht es darum, die wissenschaftliche Methode zum allgemeinen Handlungsprinzip der Gesellschaft zu machen. Man spricht gelegentlich von Wissenschaftsgläubigkeit, um übertriebene Formen von Selbstsicherheit und Gewissheit zu kritisieren. Doch Wissenschaft hat mit Wissenschaftsgläubigkeit nichts zu tun. Die wissenschaftliche Forschung beruht auf der Bildung von Hypothesen, die sich nur in ihrer Überprüfung bestätigen. Statt von einer vorgefassten Überzeugung auszugehen, bemüht sie sich, Schritt für Schritt die Grenzen des Unwissens zu verschieben. Ob im wirklichen Vollzug der wissenschaftlichen Praxis kritisierbar ist, wovon all die sozialen Praktiken ausgehen, die die Machtbeziehungen oder Eigentumsverhältnisse in Kraft setzen, ist eine völlig andere Frage. Davon bleibt unberührt, dass die Wissenschaft in ihrer Gesamtheit der einzige Bereich menschlicher Aktivität ist, bei dem mit Bestimmtheit von einem kumulativen Fortschritt gesprochen werden kann. Genau die Praxis der Hypothesenbildung hat die Zunahme des Wissens möglich gemacht, indem sie eine stets revidierbare Wette auf die Zukunft darstellt. Wir widerrufen die Hypothesen, wenn die Erfahrung sie nicht bestätigt. In den sozialistischen Ländern, die sich nach dem wissenschaftlichen Materialismus zu richten vorgaben, galt der Vorwurf des Revisionismus als schwerwiegend und konnte unangenehme Folgen für diejenigen haben, die ihn auf die Agenda setzten. Die Idee hingegen, das wissenschaftliche Modell solle humane Politik inspirieren, stützt sich im Gegensatz dazu auf Hypothesenbildung, Bestätigung und etwaige Revision.

Man kann sich in diesem Zusammenhang gerechterweise fragen, ob das Wissen nicht den letzten Zweck der menschlichen Existenz darstellt und ob, um es noch allgemeiner zu sagen, die Frage der Zwecke nicht das Ganze der politischen, ökonomischen und sozialen Debatten bestimmen sollte. Wenn die Erbsünde als die Begierde zu wissen definiert werden konnte, so lässt diese Übereinstimmung mit dem heidnischen Prometheus-Mythos gerade ein Ideal für die Menschheit hervortreten. Das Ideal des Wissens als letzter Zweck des Menschseins ist gewiss jenseits der räumlichen und zeitlichen Begrenztheit jedes Einzellebens angesiedelt, doch es verweist darauf, dass wirkliche Gleichheit der individuellen Menschen durch Zugang zu Wissen und durch Bildung entsteht. Indem wir das Wissen zum Ziel und letzten Zweck der Menschheit erklären, gemahnen wir einfach an die gleiche Würde aller einzelnen Menschen. Es geht um die Beantwortung der fundamentalen Frage: Wofür leben wir? Im Sinne von: mit welchem Ziel?

Die Zweckhaftigkeit des Wissens steht übrigens nicht im Widerspruch zu der des Glücks, und gerade in der Aufklärung ist das Recht auf Glück klar formuliert worden.

Nun lässt sich das Glück aber für jeden Einzelnen nur über das gleichzeitige Bewusstsein seiner selbst und der anderen definieren. Die individuelle Liebe ist eine verschärfte und mehr oder weniger dauerhafte Form dieses Bewusstseins, das seinen kollektiveren Ausdruck im Begriff der Brüderlichkeit findet, den die Französische Republik ihren zwei anderen Leitworten, der Freiheit und der Gleichheit, hinzugefügt hat. So wie niemand vollständiges Wissen anstreben kann, so auch nicht vollständiges Glück.

> Ein Tag wird kommen, an dem unsere Gesellschaften aufs neue Stunden der schöpferischen Erregung kennen werden, in deren Verlauf neue Ideen auftauchen und neue Formen erscheinen werden, die eine Zeitlang als Führer der Menschheit dienen werden. Haben die Menschen einmal diese Stunden erlebt, dann werden sie spontan das Bedürfnis fühlen, sie von Zeit zu Zeit in Gedanken wieder zu durchleben, d. h. die Erinnerung durch Feste zu festigen, die deren Folgen regelmäßig beleben.[4]

Durkheims Definition gewissermaßen eines laizistischen Sakralen interessiert uns hier, weil sie die drei Dimensionen des Menschen impliziert: das Individuelle, das Kulturelle und die Gattung. Keine dieser drei Dimensionen kann ohne Rücksicht auf die anderen zur Vollendung kommen. Das menschliche Abenteuer spielt sich in jedem individuellen Bewusstsein auf einzigartige Weise ab. Doch die notwendige Beziehung auf den anderen, ohne die eine eigene individuelle Identität nicht entstehen kann, ist weitgehend durch den symbolischen Apparat der jeweiligen Gesellschaft und Kultur bestimmt; diese können derart bindenden Charakter haben, dass der Idee individueller Freiheit jede Bedeutung abhandenkommt (so muss auch die historische Ungleichheit zwischen Männern und Frauen verstanden werden). Das volle Bewusstsein des Einzelnen vollendet sich umgekehrt nur durch die Teilhabe an der Menschheit, unabhängig von Herkunft und Geschlecht.

Die drei Dimensionen des Menschen bilden mithin das Prinzip, von dem aus es möglich sein müsste, seinen Zweck, die wirkliche Universalität, zu formulieren und das Problem seiner Verwirklichung zu lokalisieren: die Verschiedenheit der Gesellschaften.

Nicht alles ist negativ an der Feststellung, zu der wir uns gezwungen sehen, dass nämlich die politischen Entwürfe des 19. Jahrhunderts verblasst oder gar verschwunden sind. Unter dem Strich verschafft uns diese Abwesenheit konstruierter Zukunftsprojektionen eine wirkliche Chance, Veränderungen zu konzipieren, die sich aus der konkreten historischen Erfahrung und der Praxis der Grundlagenforschung speisen.

Vielleicht sind wir im Begriff zu lernen, wie man die Welt verändert, bevor man sie sich ausmalt, uns auf die Zukunft zu richten, ohne unsere Illusionen darauf zu projizieren, Hypothesen zu bilden, um ihre Richtigkeit zu überprüfen, und Schritt für Schritt und mit klugem Verstand die Grenzen des Ungewussten zu verschieben. Das ist, was die Wissenschaft uns lehrt und was jedes Bildungsprogramm befördern und von der jedes politische Nachdenken sich inspirieren lassen müsste. Gleichzeitig zeichnet sich damit auch die einzige Utopie ab, die für die kommenden Jahrhunderte zählt und deren Fundamente mit aller Dringlichkeit gelegt und befestigt werden müssten: die Utopie der Bildung für alle. Denn nur sie, wenn verwirklicht, vermag jene düstere Utopie zu bremsen und zurückzudrängen, die heute manchmal schon im Begriff scheint, Wirklichkeit zu werden, nämlich die einer ungleichen, großteils ungebildeten, ungelehrten oder analphabetischen Weltgesellschaft, zu Konsum oder Ausschluss verdammt und allen Formen fundamentalistischer Gewalt, ideologischer Regression und letztlich dem Risiko globalen Selbstmords ausgesetzt.

Diese düstere Version der Zukunft lässt sich in einer Zeit terroristischer Gewalt, die Europa befällt oder aus seinen Tiefen aufsteigt, nicht ignorieren. Wir werden hier für eine engagierte Anthropologie eintreten, die sich nicht hinter sprachliche Vorsicht flüchtet, sondern allen rohen oder heimlichen Versuchen intellektueller Einschüchterung das wiederholte Bekenntnis zur Dreidimensionalität des Menschen entgegenstellt, in anderen Worten das Bekenntnis, dass in jedem Einzelnen eine Vorstellung des Menschen als Gattungswesen existiert, ohne die es nur Regression, Entfremdung, Obskurantismus und Diktatur gibt.

Der Fortschritt und die Kultur

Der Ehrgeiz zum Fortschritt bildet den Kern des menschlichen Strebens. Er führte zur schrittweisen Entdeckung des Planeten, zur Erforschung des unendlich Weiten und des unendlich Kleinen. Der einzige Bereich, in dem der Begriff des Fortschritts daher unbestreitbar angebracht ist, ist der des wissenschaftlichen Wissens über die Natur. Doch das Trachten nach Wissen stand von Anfang an unter dem Einfluss dessen, was man als Erbsünde jedes Systems gesellschaftlicher Beziehungen bezeichnen könnte: dem Herrschaftswillen. Es hat nie wirklich gleiche Gesellschaften gegeben, und die erste Ungleichheit war die, die überall von Beginn an das Verhältnis der Geschlechter prägte. Der Herrschaftswille, die Unmöglichkeit, sich Beziehungen vorzustellen, die nicht zumindest teilweise durch Zwang bestimmt sind, blieb so auch nicht ohne Einfluss auf den Geist der Neugier, welcher die großen Entdeckungsreisen leitete, die der Westen unternahm und die vom Kolonialprojekt, einer Herrschaftsunternehmung par excellence, teils auf die schiefe Bahn gelenkt wurden.

Wenn wir die Perspektive umkehren und heute einen Rückblick auf unsere Geschichte werfen, erkennen wir die perverse Wirkung der Gleichsetzung der sozialen

Beziehungen mit Machtbeziehungen. An dem Punkt, an dem wir uns heute auf der Linie der Ressourcen- und Wissensentwicklung befinden, müssen wir konstatieren, dass die Ungleichheiten zwischen den Reichsten der Reichen und den Ärmsten der Armen sowohl im materiellen Bereich als auch im Bereich des Wissens unablässig zugenommen haben.

Es besteht eine gigantische intellektuelle Kluft zwischen der universalistischen Sprache, die wir manchmal bemühen, wenn wir über die Eroberung des Raums oder einen anderen Aspekt des wissenschaftlichen Abenteuers der Menschheit sprechen (»Der Mensch hat den Mond betreten«, »der Mensch durchdringt die Geheimnisse der Materie«), und der realen Situation der Menschen, von denen ein bedeutender Teil – völlig abseits einer Entwicklung, deren Folgen er nun zu spüren bekommt – sich nicht von einem Abenteuer einnehmen lassen kann, dessen genaue Umstände er nicht kennt.

Die moralischen Imperative, deren Notwendigkeit wir mit relativer und uneinheitlicher Überzeugung postulieren, sind lediglich die näherungsweise Übersetzung der Vielschichtigkeit des Selbstbewusstseins, das jeden von uns definiert. Aus diesem Blickwinkel dürfen wir die Spannungen und Widersprüche nicht außer Acht lassen, die sich auf die drei Dimensionen des menschlichen Daseins (Individuum, Kultur und Gattung) auswirken. Die kulturelle Dimension impliziert, dass sich jede individuelle Identität über die Beziehung auf den anderen ausbildet: Das ist in allen Bildungs- und Lehrprozessen ersichtlich und grundlegend. Diese Beziehung realisiert sich von Geburt an in Form von auferlegten

Codes und Normen, die von Kultur zu Kultur variieren, sich aber allerorts als zwingend ausgeben. Die Geschichte hat sich oft als Konfrontation und Bewährungsprobe kulturell teils weit auseinanderliegender Welten abgespielt. Der »Kulturvertrag«, von dem die Anthropologie spricht, hat sich nicht selten als Schock oder Auseinandersetzung manifestiert.

Die Gattungsdimension wiederum wurde gleichzeitig anerkannt (gegen andere Menschen führte man Krieg) und geleugnet (man erfand Wörter oder Bezeichnungen für die Gegner, um ihnen ihr Menschsein abzusprechen). In dieser Hinsicht bedeutete die Sprache der europäischen Aufklärung im 18. Jahrhundert, auch wenn Europa von den selbst gesetzten Idealen häufig weit entfernt blieb, eine radikale Revolution.

Die Gattungsdimension des Menschen kehrt zu seiner individuellen Dimension zurück und überschreitet seine kulturelle Dimension. Die Idee, dass das Menschheitsabenteuer wirklich ein kollektives und miteinander geteiltes Abenteuer darstellt, hängt an dieser Konzeption des Menschen als Gattungswesen. Sie hat ihren Ort in der Menschheitsgeschichte als Ganzer (die idealerweise die Geschichte der zunehmenden Naturbeherrschung des Menschen sein wird), reproduziert sich aber auch im Leben jedes Einzelnen: denn jeder Einzelne wird nur ganz Mensch sein, wenn er imstande ist, an seinem Ort und in seiner Zeit bewusst mit den anderen in Verbindung zu stehen. Das impliziert, dass jeder Mensch über die materiellen und geistigen Mittel dazu verfügt: Wenn der Zweck des Gattungsmenschen im zunehmenden Wissen über das, was er ist, besteht, dann haben die einzelnen Menschen (ohne Unterschied des Geschlechts oder der Herkunft) alles Recht zur täglichen Teilhabe an den materiellen und geistigen Speisen. Das ist keine Frage der Moral, sondern der Definition.

Doch dieses Ideal ist die eine Sache, eine andere hingegen der reale Verlauf unserer Zeitgeschichte. Es ist an jedem, zu beurteilen, ob der Lauf der Geschichte durch ihre Krämpfe und Widersprüche, aber auch ihre bewussten Augenblicke und Fortschritte der Wissenschaft, uns diesem Ideal näherbringt oder nicht.

Die technologische Dimension gehört heute wesentlich zur Wissenschaft und zum Wissensfortschritt dazu, doch sie hat auch negative Auswirkungen, wenn sie uns dazu verleitet, Universalität mit Globalität zu verwechseln. Die gegenwärtigen technologischen Entwicklungen stellen eine veritable Revolution dar, doch in der Konsumlogik, die den Planeten beherrscht, besteht die Gefahr, dass sie einerseits neue Ungleichheiten hervorbringt und andererseits die in allen Kulturen der Welt gegebenen symbolischen Grundlagen der Beziehung zwischen den Menschen, nämlich Raum und Zeit, kurzschließt. Unmittelbarkeit und Allgegenwart, die neuen Ideale der von Fernsehen und Internet verbreiteten Kommunikation, erschaffen eine fiktive Welt, von der viele ausgeschlossen sind und in der diejenigen, die sie ausmachen und mit Leben füllen, sich neuen Formen von Einsamkeit ausgesetzt sehen: Die Kommunikation ersetzt nicht die Beziehung, und so droht der technologische Fortschritt auf zweifache Weise die sozialen Entwicklungen zu entstellen, die damit verbunden sein werden.

Wenn wir heute auf den Straßen der großen europäischen Städte sehen, wie zunehmend mehr Menschen auf dem nackten Boden schlafen und bei den Passanten demütig um etwas Geld für Essen betteln, überkommt uns ein tiefes Gefühl von Beklemmung und Empörung; vor diesen von allen Formen des materiellen und ernährungstechnischen, des technologischen und intellektuellen Konsums ausgeschlossenen Individuen finden wir uns als Menschen gedemütigt. Auch andere Reaktionen kommen vor, insbesondere Gewalt oder Verachtung gegenüber denen, die nicht mehr als Menschen angesehen werden; doch diese Formen der Verleugnung bezeugen denselben Skandal: Wie den erbärmlichen Anblick derer ertragen, von denen ich im Grunde weiß, dass sie Menschen wie ich sind? Vom Skandal abgesehen gibt es auch manchmal ein uneingestandenes Gefühl der Angst, das sich unter diese Reaktionen mischt: Könnte ich mich nicht auch selbst eines Tages in einer ähnlichen Situation befinden?

Der Skandal des höchst ungleichen Zugangs zu materiellen Gütern und Wissen ist, von moralischen Erwägungen einmal abgesehen, ein existenzieller und entscheidender Skandal: Er stellt in jedem Einzelnen, der davon Zeuge oder selbst betroffen ist, die Teilhabe an der menschlichen Gattung infrage, ohne deren Anerkennung nur Einsamkeit oder die Diktatur in sich geschlossener, auf den ausschließlichen Nutzen einiger weniger ausgerichteter Kulturen bleibt. Das aber hieße, sie in allen abzutöten. Darin liegt die Gefahr, gegen die der objektive Fortschritt des Wissens in der Auseinandersetzung mit Amokläufen auf der einen und mit egoistischer Kurzsichtigkeit auf der anderen Seite ankämpfen muss.

Die Veränderung des Maßstabs

Wir erleben heute eine unerhörte Verschiebung der Maßstäbe, die mit dem einhergeht, was man das Ende der Vorgeschichte der Menschheit als Weltgesellschaft nennen könnte. Die Geschichte kennt bereits Globalisierungen, doch zum ersten Mal bezieht sich der Begriff tatsächlich auf den gesamten Planeten. Aus sozialer und politischer Sicht stehen wir noch am Anfang dieser Globalisierung als Weltvergesellschaftung (*planétarisation*): Zwischen den Völkern und zwischen den einzelnen Menschen bestehen massive Ungleichheiten. Doch ökonomisch und technologisch ist die Globalisierung Realität.

Die Eroberung des Alls, die sich für den Augenblick noch auf die Erforschung der näheren Umgebung des Planeten Erde (also Mond und Mars) beschränkt, zumindest soweit es Projekte menschlicher Besiedlung betrifft, hat in erster Linie zum Ergebnis, dass wir uns dieser Veränderung der Größenordnung bewusst werden – ein Bewusstsein, aus dem man schließen dürfen müsste, dass es früher oder später zu einem lebendigeren Bewusstsein der Gattungsdimension des Menschen führt. Als etwa Neil Armstrong seinen Fuß auf den Mond setzte, dachten wir: »Der Mensch hat den Mond betreten«, und nicht: »Ein US-Amerikaner hat den Mond betreten«.

Die erste mit dieser neuen Größenordnung verbundene Enthüllung war die Entdeckung des Planeten Erde als Landschaft. Die seither von Erdbeobachtungssatelliten aufgenommenen Fotos haben unser Bewusstsein allmählich an unsere sonderbare Position als Beobachter-Beobachtete gewöhnt. Diese Ambivalenz übt schon genügend Faszination aus, um die Neugier der reichen und wagemutigen Touristen der Zukunft zu wecken, die bereits jetzt ihre Plätze gebucht haben, um sich hundert Kilometer in die Höhe schießen zu lassen und unter den Freuden der Schwerelosigkeit den Anblick der beeindruckenden Wölbungen des Planeten Erde zu erleben.

An den Anblick der Mondoberfläche haben wir uns gewöhnt und besitzen, während wir darauf warten, den Mars zu betreten, auch von dessen Oberfläche bereits zahlreiche Aufnahmen. Vergangen ist die Zeit, in der fantastische Beschreibungen unsere Vorstellungskraft entfesseln konnten. Diese wird heute durch das beengt, was wir von der Realität erhaschen. Hier liegt das Paradox: Wir werden uns der relativen Beschränktheit des Sonnensystems – allein in unserer Galaxie gibt es Milliarden Sonnensysteme – in einer Weise bewusst, dass mit zunehmendem Wissen unsere Vorstellungskraft immer weniger mit der Realität Schritt halten kann.

Die alten Kosmologien hatten versuchten, die emblematischen Figuren der Götterwelt möglichst sichtbar ins

Himmelsgewölbe einzuschreiben: Mars, Jupiter, Neptun … Benennen bedeutet Aneignung, und bei dieser Projektion der großen Gestalten der Mythologie ins All handelte es sich durchaus um eine Art Kolonisierung desselben durch die Vorstellung. Die Milchstraße, also die Galaxie, zu der auch wir gehören, wurde etwa als Milchspritzer von der Brust Heras vorgestellt, der entstand, als diese sich den neugeborenen Herakles von der Brust riss.

Diese Form symbolischer Aneignung ist offensichtlich mit einer sehr anthropozentrischen Auffassung des Universums verbunden und auch mit Kulturen, die sich selbst mehr oder weniger explizit als die Krone der Schöpfung verstehen. Der absolute Ort, Mittelpunkt des Universums und des Planeten, entspringt Kosmogonien, wie man sie in den Darstellungen des alten Griechenlands und Ägyptens, Afrikas, der amerikanischen Ureinwohner und anderer findet: Es ist der »anthropologische« Ort, der auch die sozialen Beziehungen der Gruppe über strikte Residenz- und Abstammungsregeln definiert. Man kann sich also die Umbrüche vorstellen, die der von uns erlebten Verschiebung des Maßstabs entspringen und einer vollständigen Verkehrung der Perspektive gleichkommen: Die Ideologie des Orts, des Ankerpunkts von Sinn und Beziehung, geht durch die Dezentrierung, die uns die Wahrheiten der Makrophysik aufzwingen, zuschanden.

Um ehrlich zu sein, bin ich nicht sicher, ob die früher von mir vorgeschlagene Unterscheidung zwischen Ort und Nicht-Ort wirklich dazu taugt, diese neue Sachlage zu analysieren, und ich möchte gern für einen

Augenblick auf die Stoßrichtung eingehen, die ich ihr heute geben wollen würde.

Ursprünglich handelte es sich um eine klassisch anthropologische Unterscheidung zwischen den Räumen, denen man (ausgehend vor allem von ihren mehr oder weniger expliziten Residenzregeln) die groben Züge der sozialen Organisation einer Menschengruppe ablesen oder deren Grad an Kohäsion man (anhand von sichtbaren kollektiven, zum Beispiel religiösen Symbolen) ermessen kann, und den Räumen, die eine solche Analyse nicht erlauben. Der Ort definierte sich in dieser Sichtweise als geografischer und lesbarer Ausdruck der sozialen Beziehungen, ihre historische Dimension mit eingeschlossen. Der Nicht-Ort in dem Gegensatz von Ort und Nicht-Ort war nicht die Wüste im Verhältnis zur Überfülle, sondern die Abwesenheit symbolisierter, präskriptiver und lesbarer sozialer Beziehungen in einem gegebenen Raum. Der Nicht-Ort zeigte sich mehr in den Räumen des Verkehrs, des Konsums und der Kommunikation, wie sie für die *Übermoderne* charakteristisch sind, verstanden als Beschleunigung der in der Herausbildung der Moderne wirkenden Prozesse: Individualisierung der Bezüge und Überfülle an Ereignissen und Räumen. Flughäfen, Supermärkte und die durch das Fernsehen und das Internet verbreiteten Bilder ließen sich in einer ersten Analyse in diesem Sinne als Nicht-Orte bestimmen.

Ohne erneut auf die Auseinandersetzungen einzugehen, die diese Unterscheidung hervorrufen kann (es gibt keine Orte oder Nicht-Orte im absoluten Sinn dieser Begriffe; es besteht ein radikaler Unterschied zwischen den symbolisierten sozialen Beziehungen und der Kommunikation, wie sie sich in den sogenannten sozialen Netzwerken herausbildet), möchte ich auf die Veränderung des Maßstabs abheben, der in Zukunft das menschliche Handeln kennzeichnen wird. Wir sind heute in der Lage, uns vorzustellen, wie eine Weltgesellschaft aussehen könnte – wenn nicht sogar in der Lage, eine solche zu entwerfen. Vielleicht sind wir im Begriff, nicht das »Ende der Geschichte« zu erleben, wie Fukuyama es in optimistischem Ausblick nannte, also eine harmonische und endgültige Vereinigung von liberalem Markt und repräsentativer Demokratie, sondern vielmehr das Ende der Vorgeschichte der menschlichen Gesellschaft als Weltgesellschaft.

Ein Symbol dieser veränderten Größenordnung finden wir in den Vorhaben des Weltraumtourismus: Sie versprechen nicht mehr einen unverbauten Blick auf das Meer oder die Berge, sondern auf den Planeten Erde selbst. Begüterte Touristen haben bereits ihren Platz reserviert, um die Erde aus einer Höhe von hundert Kilometern bewundern zu können. Konkurrierende Projekte treten gegeneinander an; Rückschläge scheinen das Einläuten des Weltraumtourismus zu verzögern, doch der Tag wird bald kommen. Wird die Erde aus Sicht dieser Touristen als Ort oder als Nicht-Ort erscheinen?

Wir müssen das Problem eher umkehren und uns fragen, was diese Touristen dann für andere Erdbewohner repräsentieren. Sie werden zu einer Oligarchie der Besitzenden gehören, für die der Planet einen Ort darstellt, den sie in jeglichem Wortsinn zu durchqueren vermögen und dem sie zugleich etwas von den Unterschieden ablesen können, die ihn konstituieren. Sie selbst werden sich an der Spitze der Hierarchie der Konsumenten befinden. Anders gesagt werden sie ihren Platz auf Seiten des Kontexts finden, sprich auf Seiten der Nicht-Orte, denn diese bilden heute den Kontext jedes möglichen Ortes. Das ist die Grundlage des Begriffs »Globalisierung«, der vor allem den Übergang zum planetaren Maßstab beschreibt.

Einer der Aspekte der gegenwärtigen Krise ist die Spannung, die zwischen der Notwendigkeit des Orts und der Offensichtlichkeit der neuen Kontextualisierung entsteht. So können wir die heutige Großstadt als Welt-Stadt ansehen, an der sich gut die sozialen Unterschiede und Ungleichheiten ablesen lassen und die in diesem Sinne einen Ort darstellt. Doch diese Welt-Stadt hat die Stadt-Welt zum Kontext, die Welt, wie wir sie auf den medial verbreiteten Bildern sehen und die die Welt von niemandem und in diesem Sinne Nicht-Ort ist.

Der Weg von den vielfältigen Orten von gestern hin zum Welt-Ort, dessen Möglichkeit sich heute abzeichnet, wird noch lang und steinig, denn der Welt-Ort wird im Leid und in den Widersprüchen seine Kultur und seine Ethik finden müssen. Die Nicht-Orte bilden künftig den Kontext jedes möglichen Ortes.

Wir sind vom Zeitalter partieller Globalisierungen, das durch Versuche der Herstellung politischer Hegemonie gekennzeichnet war und seine letzte Realisierung in der Kolonialpolitik fand, ins Zeitalter der technologischen und ökonomischen Globalisierung eingetreten. Diese unterscheidet sich von den vorangegangenen Globalisierungen dadurch, dass sie den gesamten Erdball betrifft und auf jeden Einzelnen als potenziellen Konsumenten abzielt. Es bleibt uns, genauer zu betrachten, wie eine Weltvergesellschaftung aussähe, die die politischen Grenzen überschritte und versuchte, jeden Einzelnen als freien Bewohner des Planeten Erde zu befördern.

Ist eine Ethnoanalyse möglich?

Der von mir angerissene Maßstabwechsel könnte den Eindruck eines radikalen Wandels erwecken, der mit allen Menschen, ihren Beziehungen zu anderen und ihrem Verhältnis zu sich selbst vor sich geht. Da es aber radikale Brüche in der Geschichte nicht gibt und die dialektische Beziehung zwischen Identität und Andersartigkeit eine dauerhafte symbolische oder möglicherweise auch eine strukturelle Komponente der menschlichen Persönlichkeit darstellt, können wir eine Verbindung der aktuellen Krise mit den uns historisch nahen Epochen und Erfahrungen herzustellen versuchen.

Ich schlage daher einen kleinen Umweg über die Frage vor, ob eine Ethnoanalyse möglich ist – eine auf den ersten Blick lächerliche Frage.

Was ist Ethnoanalyse? Die Idee zu diesem Begriff kam mir vor rund vier Jahrzehnten, als ich an der Elfenbeinküste Sitzungen beiwohnte, in deren Verlauf Kranke oder der Krankheitsverursachung Verdächtigte von einem »Prophet-Heiler« befragt wurden.

Die »Propheten«

Zunächst einige Anmerkungen zu den »Propheten«, die sich unter dieser Selbstbezeichnung mit einem Wort, das sie der Bibel entnommen hatten, als Zeugen und Mittler der neuen Zeit ausgaben. Man muss dazu sagen, dass die Kolonialisierung Westafrikas, wie übrigens ganz Afrikas, eine plötzliche, schnelle und späte Entwicklung war. Bis zum Ende des 19. Jahrhunderts, in den 1880er Jahren, waren die wenigen europäischen Niederlassungen Handelskontore an der Atlantikküste gewesen. Daher die Schwere des kolonialen Traumas, wie ich es in erster Annäherung nennen möchte: Die Afrikaner sahen sich durch die vereinten Kräfte der Kolonialarmeen oder -verwaltungen und der missionierenden Priester oder Pastoren urplötzlich dazu gedrängt, sich mit dem Gedanken auseinanderzusetzen, dass sie nicht nur physisch den Invasoren unterlegen waren, sondern diese ihre Stärke aus einer privilegierten Beziehung zu Gott gewannen, dem einzigen Gott der Christen, mit dem es die lokalen Gottheiten nicht aufnehmen konnten. Die von der weißen Gewalt erzwungene Machtprobe vollzog sich, wie es in dieser Epoche für ganz Subsahara-Afrika belegt ist, zugleich auf materieller, physischer, spiritueller und intellektueller Ebene – was übrigens der nicht-dualistischen Kulturauffassung entspricht, für die die Unterscheidung zwischen Körper und Geist keinen Sinn ergibt.

Die Propheten, wie schon ihre biblischen Vorgänger, verkündeten schnelle Veränderungen und stellten das Festhalten an den alten Praktiken als Hindernis für diese Umwälzung dar. Sie verkündeten das Ende einer Ära und den Beginn einer neuen. Zugleich blieben sie in ihrer Anklage gegen die bremsenden Elemente den traditionellen Darstellungsmitteln treu. Insgesamt können sie, auch heute noch, zugleich (und widersprüchlich) als Kritiker und als Bewahrer jener Vorstellungen gesehen werden, dass die Erklärung für das Unheil immer außerhalb derjenigen zu suchen sei, die davon befallen sind, nämlich in deren mehr oder weniger nahem Umfeld. Sie empfingen gleichermaßen die Opfer der traditionellen wie die der modernen Lebensweise, gescheiterte Dorfbewohner wie Städter, Überlebende von Dorfintrigen wie Geschädigte des urbanen Lebens.

Was mich an den vor den Propheten abgelegten Beichten erstaunte, war neben der speziellen Sprache, in der die Appelle vorgetragen wurden, die Realität der empfundenen Übel und entsprechenden Interessen. Die Sprache bemühte häufig, was wir kannibalische Metaphern nennen würden, doch für diejenigen, die sie benutzten, hatte sie nichts Metaphorisches an sich. Wer sich als durch einen anderen »verspeist« oder »gefressen« beschrieb, ging tatsächlich zugrunde. Für die anderen waren die Konflikte real und die vorgetragenen Motive verständlich. In diesem Kontext konnte die Institution der Prophetie als Übergangsform hin zu einem objektiveren Verständnis der Nöte und Übel dienen.

War all dies in einem solchen Maße durch lokale Darstellungsformen gekennzeichnet, dass es einem westlichen Beobachter sonderbar und fremd erscheinen musste? Gewiss nicht. Wir hatten keine Schwierigkeiten, uns die Spannungen vorzustellen, die aus der Abstammung hervorgehen konnten. Ethnologen und Psychoanalytiker haben sich gelegentlich darüber Gedanken gemacht, wie es sich mit dem Ödipuskomplex in matrilinearen Gesellschaften verhält, wobei ich mich, ohne ins Detail zu gehen, gleich auf die Seite derjenigen schlagen möchte, die die Universalität der menschlichen Psyche nicht zugunsten eines Kulturrelativismus aufgeben und die mit Georges Devereux der Auffassung sind, dass die kulturellen Gegebenheiten und die Fantasien »Produkte des menschlichen Geistes und letzten Endes daher des Unbewussten sind«[5].

Doch die Frage, die mich – mit einer gewissen Naivität, wie mir bewusst ist – umtrieb, war, ob die Äußerungen, die ein Analysand heute vor seinem Analytiker macht, nicht unweigerlich dieselben Themen betreffen, mit denen sich auch damals jene Männer und Frauen auseinandersetzten, die sich, um sich bei einem »Propheten« zu beklagen oder zu verteidigen, über ihr Verhältnis zur Verwandtschaft väterlicherseits und mütterlicherseits, zu den Frühergeborenen oder den Altersgenossen sowie zu ihrem räumlichen und geografischen Umfeld ausbreiteten; und ob man den Rückgriff auf einen Diskurs, der sich in der Weise auf die vier großen Kategorien der Abstammung, Ehe, Fortpflanzung und Residenz bezog, nicht »Ethnoanalyse« nennen könnte.

Spontane Gespräche vermitteln uns bereits durch dies oder jenes eine Vorstellung von den bestehenden Problemen. Es heißt, dass Reden erleichtert, selbst wenn der Gesprächspartner keine Lösung oder Deutung anzubieten hat. Manche Anhänger der wilden Psychoanalyse werden manchmal schnell mit einer Diagnose bei der Hand sein, doch häufiger sind die Ansprüche eines Gesprächs zwischen Freunden bescheidener und nehmen sich nicht als Versuch aus, die Komplexe der Vergangenheit zur Klärung zu bringen. Im Gegenteil, sie mögen mit einigen Worten der Ermutigung oder sogar manchem Ratschlag enden. Darin stehen sie den Praktiken der Propheten näher als denen der Psychoanalyse.

Was die Propheten versprechen, ist die nahende Heraufkunft einer Welt, in der die traditionellen Formen schädigender Einwirkung auf andere verschwunden sein werden. In anderen Worten, sie wenden sich ganz und gar einer Zukunft zu, die allen eine Chance bietet. In diesem Sinne stehen sie weit entfernt von den traditionellen Diagnosen und Prognosen, die die Ursachen des Übels in der Vergangenheit der Individuen suchen. Ihre Bezeichnung als »Propheten« ist in dieser Hinsicht durchaus angemessen.

Die neuen Übel

Könnte es hier und heute bei der Überwindung der neuen Formen des Übels und Elends helfen, wenn man die Einzelnen dazu einlädt, erneut die Orte aufzusuchen, an denen die Ausrichtung der sozialen Beziehungen stattfindet und an denen zugleich deren Störungen entstehen?

Um einen Einstieg in die Beantwortung dieser Frage zu finden, müssen wir unsere Aufmerksamkeit zunächst auf den gegenwärtigen historischen Kontext richten, der an den der Ex-Kolonialisierten erinnert. Wir haben heute alle das Gefühl, kolonialisiert zu sein, aber ohne zu wissen, von wem. Die heutige Situation ruft den Kontext der Kolonialisierung in Afrika in Erinnerung: einerseits wegen ihres brutalen und plötzlichen Charakters und andererseits wegen des Strukturverlusts, der daraus resultierte. Die Beziehungen zwischen den Generationen verändern sich; ebenso die Bedingungen der Paarbeziehung; neue Formen der Mobilität werden sichtbar.

Jeder ist in unterschiedlichem Ausmaß von den Veränderungen betroffen, aber alle spüren sie – einschließlich der Kolonialisierten und der Kolonisatoren von gestern.

Unter diesen Bedingungen könnte die ethnoanalytische Erzählung eine Klärung und Bilanz liefern. Man kann dabei befürchten, dass ihre Protokollanten ebenso wenig wie die afrikanischen Propheten dazu in der Lage sind, ihre Autoren zu heilen. Doch angesichts der Beschleunigung der Geschichte, des Kurzschlusses der sozialen Beziehungen durch die mediale Kommunikation und der Herrschaft des Bilds würde es denen, die die Erzählung hervorbringen, wie auch denen, die sie protokollieren, erlauben, sich Zeit zu nehmen und ihre Zeit wieder selbst in die Hand zu nehmen, sich darin, wie man sagt, wiederzuentdecken und sich wiederzufinden – indem sie dem kollektiven Schwindel eines Verhängnisses ohne Ursache widerstehen. Das Gewirr neuer Ängste und diffuser Beunruhigung ist umso schwerer zu entflechten, als die durch die Medien vermittelten Informationen die Ereignisse, die ihnen zugrunde liegen, gleich doppelt verarbeiten: Sie nähern die Ereignisse einander an, indem sie unvermittelt von der Nachricht eines Erdbebens in Südamerika zu einem politischen Erdbeben in Osteuropa übergehen, und sie bringen sie durch die Wirkung des Bilds und der quasi-gebetsmühlenartigen Wiederholung auch näher an ihre Adressaten heran. Sie erzeugen dadurch eine neue Form von Beunruhigung, die sich einer genauen Bestimmung nach Ort und Zeit entzieht.

Seinerzeit schien mir der Begriff »Ethnoanalyse« angemessen für die intuitive und chaotische Praxis jener afrikanischen »Propheten«, die die Betroffenen eines unerhörten historischen Schocks zu verstehen und zu unterstützen versuchten. Heute kommt er mir wieder in den Sinn angesichts einer noch umfassenderen historischen Revolution, die allerdings von jenem Schock der Kolonisation bereits angekündigt wurde. »Ethnoanalyse« ist nur ein Wort, kann uns aber an die Notwendigkeit erinnern, bei makrosoziologischen oder gesamthistorischen Überlegungen nicht das Studium der individuellen menschlichen Psyche über Bord zu werfen, ohne das diese Überlegungen ihren Sinns verlieren.

Wir erleben heute, nicht ohne Reibungen und Widersprüche, eine nie da gewesene Dimensionsverschiebung, den Übergang zum planetaren Zeitalter. Dieser Übergang lenkt die Aufmerksamkeit umso zwingender auf das Selbstbewusstsein, das Bewusstsein des individuellen Selbst, das allein ihm Sinn verleihen kann: Wie sich wiederfinden? Wie sich darin wiederentdecken? Und wie seinen Platz finden?

Der Bedarf an Orten

Das Thema Mobilität ist heute doppelt paradox. Mobilität wird als ein Ideal angepriesen; die Anpassung an die Imperative der Produktion ist notwendig für die Effizienz des Systems. Man muss leicht den Arbeitsplatz wechseln können, wird uns gesagt. Die Mobilität der Arbeit würde die Stabilität des Systems stützen. In diesem Bereich schießen die Metaphern ins Kraut: Flexibilität gegen Erstarrung, aber Stabilität gegen Undiszipliniertheit.

Was die physische und räumliche Mobilität angeht, so hat sie eine glorreiche Seite – die Stars aus Film, Sport, Architektur, Gesellschaft und Politik bewegen sich durch die Welt wie durch ihren Garten – und auch ihre schrecklichen Seiten: Zwangsmigration, Exil, lebensgefährliche Flucht; die Flüchtlingslager und die improvisierten Formen einer neuen Sesshaftigkeit.

Viele teilen das Los, mangels finanzieller Mittel an ihrem Wohnort festzusitzen, während zugleich der Tourismus auflebt: Die Länder, die die Migranten hinter sich lassen, empfangen mitunter sehr gastlich die ausländischen Touristen.

Die widersprüchlichen Aspekte der Mobilität spiegeln eine Welt, in der die Kluft zwischen den Reichsten der Reichen und den Ärmsten der Armen unablässig wächst, eine Drei-Klassen-Welt: Die Besitzenden, die Konsumenten und die Ausgeschlossenen. Der Konsum ist der Motor dieses Systems, doch dazu ist nicht unbedingt ein sich geografisch und gesellschaftlich immer weiter ausbreitender Markt vonnöten: Vielleicht genügt auch die Erneuerung stets verbesserter und leistungsstärkerer technologischer Produkte, um die Dynamik am Laufen zu halten.

Unter diesen Bedingungen tendiert die Logik des Ortes, die der Anwesenheit der anderen gegenüber nicht freundlich gesinnt war, dazu, in Formen zu erstarren, für die uns die Gegenwart so manches Beispiel liefert, insbesondere in Europa angesichts des Zustroms von Flüchtlingen aus dem Nahen Osten. Auf der anderen Seite ist jede Anstrengung, einen Ort im anthropologischen Sinne des Worts zu schaffen, heute mit dem Problem konfrontiert, das der sich verändernde Maßstab von Leben und Gesellschaft aufwirft. Der Übergang zum Weltmaßstab führt zum einen zur Entstehung von Räumen, in denen sich die sozialen Beziehungen nicht mehr unmittelbar ablesen lassen – Konsum- oder Durchgangsräume –, zum anderen zur Verallgemeinerung eines globalen Kontexts, der alle Lokalisierungsbemühungen bedingt.

Entsprechend brauchen wir Orte und verbringen wir auch unsere Zeit damit, in dem Maße Orte zu schaffen, wie wir der Beziehung und Verbindung mit anderen bedürfen. Einer der Aspekte der gegenwärtigen Krise entspringt der Spannung zwischen diesen beiden Aspekten.

Die Veränderung der Größenordnung des menschlichen Lebens ist die entscheidende Entwicklung unserer Epoche, haben wir weiter oben gesagt. Welche Perspektive man auch einnimmt, diese Veränderung macht sich in jedem Fall geltend. In gewissem Sinne ist der Konsum der gemeinsame Faktor der verschiedenen Räume, mit denen ich vor über zwanzig Jahren das Konzept des Nicht-Orts in Verbindung brachte. Der Reiseverkehr ist ein Konsumgut: Wir kaufen Reisen, Aufenthalte, Urlaube. Auch die Kommunikation ist ein Konsumgut par excellence – und wird doch paradoxerweise immer individueller: Das Handy wird zum Kleincomputer und ermöglicht uns, mit der ganzen Welt in Kontakt zu treten. Die Technologien entwickeln sich mit rasender Geschwindigkeit und zwingen diejenigen, die nicht den Anschluss verlieren wollen, die neuesten Modelle zu erwerben.

So setzt sich eine neue Form der Diskriminierung durch: zwischen denen, die auf dem Laufenden sind und an der elektronischen Kommunikation teilhaben, und denen, die davon mehr und mehr ausgeschlossen sind. Das Neue ist, dass die Fähigkeit, Beziehungen aufzubauen, virtuell Freunde zu finden, zum Diskriminierungskriterium wird. Barack Obama und Lady Gaga verbuchen Millionen von Freunden auf Facebook. Man ist versucht, zwei Formen von Einsamkeit zu unterscheiden: die traditionelle Einsamkeit, die selbst ambivalent ist, denn man kann diese Einsamkeit suchen, wie man Ruhe oder die Möglichkeit der Selbstfindung sucht, oder sie fürchten, wenn sie durch Isolation erzwungen ist; und die neuen Einsamkeiten, die mit dem systematischen und illusorischen Gebrauch der sogenannten sozialen Netzwerke verbunden sind, der zur Entfremdung und Neurose führen kann.

Der Begriff des sozialen Netzwerks fasst die Widersprüche der gegenwärtigen Situation zusammen. Der Mensch ist ein Symboltier und bedarf in Raum und Zeit eingeschriebener Beziehungen, bedarf der Orte, in denen er seine individuelle Identität im Kontakt und in der Erprobung mit anderen ausbilden kann. Das bezeugt die Faszination, die die elektronischen Kommunikationsmittel auf uns ausüben. Doch deren Ideal der Allgegenwart und Unmittelbarkeit steht der Herausbildung von Beziehungen zwischen den Individuen entgegen, denn das erfordert Zeit und Raum.

Die Reaktionen der Menschen gegenüber dem, was als Entpersonalisierung der sozialen Beziehungen und Entstehung neuer Formen von Isolation und Einsamkeit empfunden wird, sind spektakulär. In gewissem Sinn verbringen wir unsere Zeit mit dem Versuch, einen Ort zu schaffen. Die Großstadt stattet uns tagtäglich mit zeitlichen Orientierungsmarkern aus, sowohl mit denjenigen der allgemeinen Geschichte, deren man in regelmäßigen Abständen gedenkt, als auch denjenigen der eigenen individuellen Geschichte: Eine persönliche Geografie mischt sich so unter den kollektiven Ablaufplan der Stadt; beide treffen sich an bestimmten Orten und beispielsweise auf den öffentlichen Plätzen, die in Italien immer Orte der Begegnung und des Austauschs sind. Täglich fertigen wir vielleicht auch nur vorübergehende oder oberflächliche Ortsskizzen an, im Café nebenan, in der Bäckerei, in den Geschäften der Umgebung. Die Jungen treffen sich in den großen Einkaufszentren. So ist es unmöglich, absolute Orte und absolute Nicht-Orte im empirischen Sinn zu unterscheiden: Alles kann zum Ort werden.

Zweifellos ist das der Grund, aus dem manche, aus welchen Motiven auch immer, neue Orte schaffen, sei es in spielerischer und nur vorübergehender Weise (Feriendörfer) oder dauerhaft (manche französische Rentner lassen sich in Marokko oder Portugal in Meernähe nieder). Sie erstreben den Aufbau neuer Verbindungen, neuer Beziehungsformen in einer passenden Umgebung. Diese Formen verwirklichter Utopien sind die »Heterotopien«, von denen Foucault sprach. Sie nehmen eine tragischere Form an, wenn Migranten das Elend und die Gewalt fliehen und sich, falls sie überleben, in Erwartung eines utopischen und erträumten Orts in Flüchtlingslagern wiederfinden.

Ab dem Moment, in dem allmählich jeder Kontext global wird, wohnen wir dem Ende der Vorgeschichte und dem Eintritt in die Geschichte der Menschheit als Weltgesellschaft bei. Die Herausforderung ist größer als das Ausmaß ungeordneter Migrationsbewegungen, wie auch die über den Planeten schwappenden neuen Formen der Gewalt bezeugen.

Wir müssen zugestehen, dass die Geschichte, was den Planeten Erde selbst betrifft, gerade erst begonnen hat. Einstmals stellten wir uns Marsbewohner vor. In den kommenden Jahrhunderten gilt es, eine Gesellschaft der Erdbewohner aufzubauen – in dem Versuch, uns an die zukünftige Verschiebung der Größenordnung anzupassen, die uns in unsere Galaxie führen wird.

Dieser Anpassungsversuch hat bereits schleichend eingesetzt. Die Bilder, die uns heute die Astronauten bieten, sind aus mehreren Gründen erstaunlich, vor allem aber wegen der Vertrautheit des Vokabulars, mit dem die Landschaften beschrieben werden, die wir auf den Planeten unserer Galaxie erhaschen: Berge, Täler, Klüfte, Meere, Seen, Flüsse, Eisströme ... So fern sie auch sein mögen, so ungewiss für uns auch noch ihre Natur sein mag, diese Landschaften sind bereits zum Gegenstand und Horizont unserer Aufmerksamkeit geworden, zum Bild einer fernen, kaum bekannten, aber möglichen Zukunft. Sie projizieren uns in Räume, die bislang weder Orte noch Nicht-Orte darstellen – genauer gesagt mögliche Orte, die noch keine Nicht-Orte sind, aber wieder die einnehmende und faszinierende Idee neuer Horizonte aufkommen lassen. Und alles deutet darauf hin, dass, wenn wir eines Tages in Kontakt mit einem bewohnten oder unbewohnten Planeten treten, er uns zunächst mit einem Gefühl von Déjà-vu empfangen wird.

Das Alter und die Zeit

Die Transformationen unseres Planeten und des Bildes, das wir uns von ihm machen, stellen unsere eigene Verortung in der Zeit infrage. Zum einen, weil uns das Ansteigen der durchschnittlichen Lebensdauer besonders sensibel für die Beschleunigung der Geschichte macht. Zum anderen, weil uns durch das längere Zusammenleben mehrerer Generationen die geistigen, psychologischen und sogar physischen Veränderungen greifbar werden, die diese Beschleunigung beim Menschen hervorbringt.

Das Alter als soziale Realität

Das kollektive Leben ist ganz allgemein Regelungen unterworfen, die insbesondere festlegen, ab wann und bis zu welchem Alter bestimmte Funktionen ausgeübt werden können. Soziale Regeln bestimmen das Alter der Volljährigkeit, ab dem eine Person ihre vollen gesellschaftlichen Rechte genießt; aber sie legen auch die Altersgrenzen für die Teilnahme an Wettbewerben und den Renteneintritt fest. Die Grenzen des aktiven gesellschaftlichen Lebens sind somit durch Altersbestimmungen determiniert. Die Regeln mögen mit der Zeit angepasst werden, doch es bleiben immer Regeln.

Das Alter war schon immer eine Komponente des sozialen Lebens und der sozialen Hierarchie, sowohl in der allgemeinen Organisation der Gesellschaft als auch im Besonderen der innerfamiliären Nachfolge und Vererbung: So stellte das Recht der Erstgeburt lange Zeit ein Privileg dar, und die Unterscheidung zwischen dem Ältesten und den Jüngeren bildete in vielen Gesellschaften einen Ungleichheitsfaktor, der zu den ungleichen Beziehungen zwischen den Generationen noch hinzukam.

Das Alter bildet so eines der konstitutiven Elemente der sozialen Beziehungen; es bestimmt unter verschiedenen Aspekten die interpersonellen Verhältnisse, die in jeder Kultur das definieren, was man den sozialen Sinn nennen könnte. In stark hierarchisierten Gesellschaften setzt sich der soziale Sinn durch, doch es besteht weniger Freiheit zu individueller Initiative. In jeder Gesellschaft existiert eine Spannung zwischen sozialem Sinn und individueller Freiheit, und eine der Aufgaben der Demokratie besteht gerade darin, diese Spannung zu verringern und die individuelle Freiheit nicht dem Zwang des sozialen Sinns zu opfern.

Die Kategorien Jugend und Alter sind zu allgemein, um in ihrer Verwendung nicht problematisch und mehrdeutig zu sein. Wenn man bei diesen allgemeinen Kategorien stehen bleibt, läuft man leicht Gefahr, mehrdeutige oder widersprüchliche Aussagen zu treffen. So spricht man beispielsweise vom Jugendwahn und der Anziehungskraft des jungen Körpers auf alle, die sich abrackern, um kein Gewicht zuzulegen oder unablässig ihr faltenfreies Gesicht wiederherzustellen. Umgekehrt spricht man angesichts der Jugendarbeitslosigkeit mit gewissem Neid von den Ruheständlern. Doch nicht alle Jungen sind arbeitslos; nicht alle Jungen erfreuen sich eines Traumkörpers und tadelloser Gesundheit. Und nicht alle Alten leben in der Bequemlichkeit eines komfortablen Ruhestands. Übermäßig systematisch verwendet, liefert uns die Kategorie des Alters ein reduktionistisches und die Lage der Menschen verfälschendes Bild.

Die Zeit als Freiheit

Deshalb schien es mir notwendig, auch die Kategorie der Zeit in die Betrachtung miteinzubeziehen. Alter bedeutet Einengung – und häufig eine Einengung, die von den anderen, vom Außen, noch bestärkt, wenn nicht sogar aufgezwungen wird. Zeit hingegen bedeutet eine Freiheit, die sich jeder auf eigene Weise zu eigen macht: Jeder besitzt seine eigenen Erinnerungen – Erinnerungen, die nicht unbedingt denen seiner Zeitgenossen, die dieselben Ereignisse erlebt haben, entsprechen müssen –, Bilder, an die er sich hält; jeder hat seine Projekte oder Träume; jeder kann sich einiger interessanter oder glücklicher Momente erfreuen, ohne die Tage zu zählen.

Wir wissen, dass die Zeit mal schneller und mal langsamer vergeht. Je nach den Erinnerungen, die wir wachrufen, können wir das Gefühl haben, es wäre erst gestern gewesen oder auch so fern wie in einem anderen Leben. Man kann sich Zeit nehmen, Zeit fürs Nachdenken aufwenden, sich von der Zeit lösen. Bis zu dem Punkt, an dem man uns fragt: Wie alt bist du? Diese Frage verurteilt uns dazu, eine andere Rolle einzunehmen, etwa die des klugen Alten, der viel erlebt hat, oder die Rolle dessen, dem man sein Alter nicht ansieht.

Die Zeit ist die spürbare und sinnliche Beziehung zum Leben. Einige Schriftsteller haben beschrieben, mit welcher Plötzlichkeit eine Empfindung einen vergangenen Moment in seiner Gesamtheit wieder wachrufen kann. Deshalb hat die Zeit eine Wirkung: Sie hält eine Form von Erinnerung wach, die sich nicht um das Alter schert und damit dauerhaft verfügbar bleibt. Die individuellen Lebenswege sind natürlich verschieden und ungleich, doch mir scheint, dass uns die Erinnerungen und die Fragen, die uns bei der Entdeckung der Welt leiteten, oft nahe bleiben. Das ermöglicht uns späte und klarere Einsichten in das, was in unserer Jugend nicht mehr als eine Vorahnung war.

Ich habe mich immer meinem Großvater nahe gefühlt, bei dem ich in meiner Kindheit und Jugend die Ferien verbrachte. Heute kann ich mich leichter in die (geteilte) Freude hineindenken, die er an unserem Geplapper empfand. Ich verstehe besser, dass wir einander nahe waren, weil er sich von seiner eigenen Jugend nicht entfernt hatte, von der er nichtsdestotrotz wenig erzählte.

Einer der Vorzüge des Alters ist es vielleicht, diese Formen rückblickender Verbundenheit ins Recht zu setzen. Und vielleicht ist es auch erlaubt, daraus einige Lehren für die mögliche und notwendige Verbundenheit zwischen den Generationen heute zu ziehen.

Identität und Andersartigkeit

Identität wird über die Beziehungen zum anderen generiert. Wenn ich diese Feststellung noch einmal wiederhole, die zunächst natürlich für die primäre Erziehung durch die Eltern gilt, dann vor allem, weil die Begegnung mit den anderen das ganze Leben lang notwendig für die Konstruktion und Bekräftigung des Selbst ist. Über das Eltern-Kind-Verhältnis hinaus spielen die Generationen eine wesentliche Rolle in diesem Prozess.

Durch die schnelle Entwicklung und beschleunigte technologische Veränderungen ist die objektive Verbundenheit innerhalb einer Generation nun besonders ausgeprägt. Man kann sich sogar fragen, ob das frühzeitige Vertrautwerden mit neuen Kommunikationsmitteln nicht langfristig Auswirkungen auf den Umgang mit dem eigenen Körper hat. Ein heute Fünfzigjähriger wird niemals die Geschicklichkeit und Flinkheit der Jüngeren in der täglichen Handhabung elektronischer Geräte erlangen.

Die Rolle der einen in der Bildung der anderen hat in diesem Bereich die Tendenz, sich umzukehren. Hier sind es die Großeltern, die viel von ihren Enkeln zu lernen haben. Doch das gibt den heutigen Generationen vielleicht die Gelegenheit, mit einem Missverständnis aufzuräumen, das Gegenteiliges bezeugt und das das französische Sprichwort zum Ausdruck bringt: »Si jeunesse savait, si vieillesse pouvait« – »Wenn nur die Jugend wüsste und das Alter könnte«.

Auf allgemeinerer Ebene besteht die Lehre, die das Alter die Betagten lehrt, in einer Art Resignation vor dem Unausweichlichen, aber auch in einem klaren Bewusstsein darüber, (noch) am Leben zu sein. Daher die Hochstimmung und der Optimismus mancher Hochbetagter. Cioran war in seinen *Syllogismen der Bitterkeit* schon weiter: »Das Glück ist dermaßen selten, weil man es erst *nach* dem Altern erlangt, in der Senilität«[6]. In der Tat ein bitterer Satz, und einer, in dem kein Begriff ohne Probleme ist. Was ist das Glück?

Wenn es um das Bewusstsein zu existieren geht, dann müssen wir uns klarmachen, dass dieses Bewusstsein der Beziehung zu den anderen bedarf. Eine der Grausamkeiten des fortgeschrittenen Alters liegt an der aufgezwungenen Einsamkeit, die mit dem zunehmenden Verschwinden der alten Freunde einhergeht. Allein der entschiedene Wille, neue Beziehungen aufzubauen, kann diese Grausamkeit mildern. Es gab interessante Versuche, jungen Leuten die Möglichkeit zu eröffnen, zum sozialen Leben der Älteren beizutragen (Zusammenleben, Hausservice oder schlicht Besuche). Interessant sind sie insofern, als sie das Gefühl eines Generationenbruchs und die befremdliche Täuschung nicht zu vereinbarender Generationenwelten aufzuheben vermögen.

Die Ethnologie hat bezüglich des Systems der Einstellungen immer die Tatsache hervorgehoben, dass die Spannungen zwischen der Eltern- und der Kindergeneration zwischen alternierenden Generationen, also zwischen den Großeltern und den Enkeln, nicht bestehen. Vielleicht wird es mit der Verlängerung der Lebensdauer zu einer systematischen Gleichzeitigkeit von vier Generationen kommen, sodass wir noch andere Formen der Verbundenheit erkunden können. In jedem Fall ist es angesichts der Beschleunigung der Zeit und Ausdehnung des Raums, die wir heute erleben, nicht gleichgültig, dass die verschiedenen Altersstufen sich ergänzen, ohne zueinander in Gegensatz zu treten.

Keine Generation besitzt das Monopol auf die Fragen und die Antworten, die Veränderungen erfolgen in beide Richtungen. Trotz freiem Markt und Kommunikation über das Internet leben wir nicht in einer grenzenlosen Welt, sondern in einer, in der es von Tag zu Tag notwendiger wird, zu definieren, was eine Grenze ist, nämlich gerade eine in beide Richtungen überschreitbare Schwelle.

Die Weltgesellschaft wird eine Gesellschaft der Schwellen und Übergänge sein. Die Vielfalt an Altersstufen wird ein Trumpf sein, wenn sie die einen wie die anderen daran erinnert, dass sie in dasselbe Abenteuer geworfen sind, das Abenteuer des Wissens. Dies erfordert eine gewaltige Anstrengung im Bereich der Bildung, ein noch unvollendetes Bemühen in dem Sinne, dass weder Herkunft noch Geschlecht noch Alter dabei Hindernis oder Barriere sein dürfen, sondern als Schwellen angesehen werden müssen, an denen jeder Einzelne, mit gleichem Recht wie jeder andere, seine Eigenschaft, Mensch zu sein, ins Recht setzen kann.

Das Ideal jedes Einzelnen, der weiß, dass seine Subjektivität die Altersgrenzen überschreitet, würde so die Entfaltung des Gattungsmenschen, der in ihm lebt.

Die Rückkehr zum Universellen

Es könnte scheinen, dass die Anthropologie mehr als alle anderen human- und sozialwissenschaftlichen Disziplinen durch die neusten Entwicklungen der Gesellschaft und des Denkens bedroht ist.

Wenn man sie über ihre ursprünglichen empirischen Objekte definiert, kann man nicht umhin, zuzugeben, dass diese sogenannten primitiven, tribalen oder Abstammungsgesellschaften im Begriff sind, zu verschwinden oder zumindest sich rasant zu verändern, und dass ihre eigene Vielfalt (von den isolierten Gruppen von Jägern und Sammlern in Australien bis zu den Handelskönigreichen in Westafrika) rückblickend Zweifel an der Definition der Anthropologie als einheitlicher und kohärenter Disziplin aufkommen lässt.

Definiert man die Anthropologie wiederum über ihr Theorieprojekt und ihren intellektuellen Gegenstand, muss man anerkennen, dass ihre Ambitionen nach dem Siegeszug des Strukturalismus in den 1960er Jahren zurückgeschraubt wurden und dass auch die Unbeständigkeit des Struktur-Begriffs zu nicht minder großen Zweifeln Anlass gibt. In seiner draufgängerischsten und auf radikalste Weise materialistischen Form (die Erforschung der auf die Hirnstruktur verweisenden formalen Strukturen im Bereich der Verwandtschaft oder der Mythen) bleibt das strukturalistische Projekt bestenfalls unabgeschlossen, übrigens ebenso wie die kognitivistischen Studien, die den Übergang elementarer Lernformen hin zu den komplexesten Denkgebäuden und literarischen und künstlerischen Strukturen verstehen wollten.

Diese Revision hin zu mehr Bescheidenheit hat wiederum andere Ambitionen geweckt und Initiativen angestoßen, denen gemeinsam ist, dass sie das Paradigma in Zweifel ziehen, auf das sich die anthropologische Forschung seit Durkheim stützte und das ich als das Paradigma des Elementaren bezeichnen möchte. Die elementaren Formen des religiösen Lebens sind nicht als vergleichsweise niedriger stehende Formen gedacht, sondern als eine Gesamtheit wesentlicher Prinzipien, die den Kern jeglicher Religion ausmachen. Wenn sie für Durkheim in kleineren Menschengruppen direkter beobachtet werden können, dann weil für ihn das Religiöse eine Projektion des Sozialen darstellt und die Größenordnung des einen logischerweise die des anderen zur Folge hat. Die elementaren Verwandtschaftsstrukturen beruhen auf einer analogen Konzeption: Indem er das Atom der Verwandtschaft ans Licht brachte, verschaffte sich Lévi-Strauss Zugang zum Verständnis der Verwandtschafts- und Bündnisbeziehungen als der Formlogik eines Transformationssystems unterworfen, das den geistigen Nachvollzug des Übergangs von der einen Modalität zur anderen ermöglicht.

Zwei Paradigmen stehen heute mehr oder weniger deutlich dem Paradigma des Elementaren gegenüber: Ich möchte sie das Paradigma der Differenz und das Paradigma der Indifferenz nennen.

Das erste korrespondiert einer Wiederbelebung des Kulturalismus im weiteren Sinne, anfangs unter dem Einfluss der Rückgewinnung der Sprache und Initiative infolge der Entkolonialisierung. Der Universalismus wird darin manchmal als Maske der westlichen Herrschaft gesehen. Das Denken der Differenz hat Wurzeln in der intellektuellen Tradition des Westens selbst, doch im Lauf der vergangenen Jahrzehnte hat es neuen Ausdruck in den Arbeiten zahlreicher Forscher gefunden, allen voran Clifford Geertz[7]. So schrieb sich die hermeneutische Konzeption der Kultur als Text, um dessen Beschreibung sich der Ethnologe bemüht, in eine Perspektive ein, für die jede Kultur einen singulären Sachverhalt darstellt. Jede Beziehung auf das Paradigma des Elementaren scheint darin von vornherein ausgeschlossen und zugleich jeder streng anthropologische Anspruch zutiefst kompromittiert.

Als Erfinder des Paradigmas der Indifferenz oder der Nicht-Differenz muss Bruno Latour[8] mit seinen Arbeiten über wissenschaftliche Laboratorien und über Pasteur angesehen werden. In seiner Perspektive ist die wissenschaftliche Aktivität mit ihrem Bezug auf ein Überzeugungssystem und spezifische Kulturpraktiken eine soziale Aktivität wie jede andere auch. Noch deutlicher manifestiert hat sich dieses Paradigma der Indifferenz in seiner späteren Arbeit über den Aufstieg der Welt des Nichtmenschlichen, der Objekte (Geräte wie eine Schreibmaschine) oder Dinge (Entitäten wie der Staat), die häufig in entscheidender Weise unser Verhalten beeinflussen. Das Paradigma der Indifferenz ist heute in den Arbeiten zahlreicher Soziologen präsent und steckt in einer speziellen Form auch in den Bedenken der sogenannten Animalisten, für die das individuelle Tier dieselben Rechte besitzt wie der einzelne Mensch.

Ohne weiter die Gründe der Paradigmen der Differenz und der Indifferenz zu diskutieren, möchte ich hier ganz knapp eine entschieden moderne Gegenkonzeption der Anthropologie und die Notwendigkeit einer Rückkehr zum Paradigma des Elementaren verteidigen.

Eine der negativsten Seiten der Globalisierung ist, dass sie ein Abgleiten des universalistischen Denkens in ein statistisches und quantitatives Gesellschaftsverständnis zur Folge hat. Die Globalisierung fügt sich ausgezeichnet in das Paradigma der Differenz, insofern sie im Wesentlichen den Bereich der Kommunikation, des Verkehrs und des Konsums betrifft und wir in Widerlegung von Fukuyamas Vision jeden Tag von Neuem feststellen, dass die politisch und (oder) religiös totalitären Regime ebenso zu dieser globalen Welt dazugehören wie die demokratischen. Die Erfindung des Begriffs »glokal« entspricht dieser Kombination des Globalen und der lokalen Besonderheiten, insbesondere auf dem Feld der Politik und der Religion. Dieser Aspekt lässt sich unter dem Schlagwort »Unterschiede respektieren« wachsweich theoretisieren und verbreiten. Nun neigt das Paradigma der Differenz, indem es die Kulturen substanzialisiert, dazu, die Autonomie der Individuen zu ignorieren oder zu verleugnen. Wir verstehen hier unter Kultur eine relativ kohärente Gesamtheit von Repräsentationen und Prinzipien, die die Organisation der Beziehungen zwischen den Individuen in einer Gemeinschaft leiten, die sich auf diese Weise als Gesellschaft konstituiert. Ich komme für einen Augenblick auf die oben anlässlich der Begriffe Alter und Zeit vorgeschlagene Unterscheidung zwischen Sinn und Freiheit zurück. Wenn wir unter Sinn die Totalität der kulturell instituierten Beziehungen verstehen und unter Freiheit das Maß an Initiative, die dem Einzelnen überlassen bleibt, können wir folgern, dass notwendig eine Spannung zwischen (sozialem) Sinn und (individueller) Freiheit besteht. In menschlichen Gruppen mit normativen Beziehungen ist der Sinn offensichtlich: Er ist buchstäblich vorgeschrieben, und die individuelle Freiheit tendiert gegen Null.

Es besteht also eine entfernte Verbindung zwischen dem Status der Individualität und der Definition des Sozialen. Das Motiv der Anerkennung kultureller Unterschiede hat die Tendenz, über die individuellen Unterschiede innerhalb einer Kultur und ebenso über die Existenz der menschlichen Gattung jenseits des Kulturellen hinwegzugehen. Nach Lyotard und seiner Analyse der Postmoderne wurde viel über das Ende der »großen Erzählungen« geschrieben; doch man tut gut daran, sich zu erinnern, was Lyotard selbst betonte, dass nämlich diese großen Mythen mehr die Zukunft als die Ursprünge betrafen, und mehr noch, dass sie den Menschen im Allgemeinen, den Gattungsmenschen, in den Mittelpunkt stellten und nicht die Repräsentanten einer spezifischen Kultur. Die Existenz eines Gattungsmenschen zu postulieren bedeutet, seine Gegenwart in jedem einzelnen Menschen unabhängig von Geschlecht und Herkunft zu behaupten, es bedeutet, seine Souveränität im politischen Sinne zu behaupten. Ich greife hier in einer verkürzten Form die Formulierung Sartres wieder auf: »Tout homme, tout l'homme« – »Jeder Mensch der ganze Mensch«.

Von der anderen Seite betrachtet, wissen wir nur zu gut, dass der Einzelne von Geburt an, um zu existieren und seine Identität aufzubauen und zu bekräftigen, der Beziehung zu anderen bedarf. Mauss hat darauf aufmerksam gemacht, dass es niemals ein menschliches Wesen gab, das nicht einen Sinn für seine geistige und körperliche Individualität hatte, aber es gibt viele soziale Systeme, die tendenziell die Autonomie des individuellen Bewusstseins verringern. Das gilt für die von der Ethnologie in ihrer Anfangszeit studierten Gesellschaften, die soziale Beziehungen vorschreiben, und es gilt ebenso in totalitären Gesellschaften und allgemein in allen Gesellschaften, in denen sich die Öffentlichkeit in die Privatsphäre einzumischen versucht. Die Strategie der extremsten totalitären Regime war es immer gewesen, das Individuum durch Eingriff in seine Privatsphäre zu isolieren, um es von seinen engsten Beziehungen abzuschneiden.

Politisch ausgedrückt, könnte man sagen, dass die Herausforderung des demokratischen Lebens darin besteht, die (individuelle) Freiheit zu gewährleisten, ohne den (sozialen) Sinn zu verlieren, anders gesagt, die drei Dimensionen des Menschen miteinander in Einklang zu bringen: die individuelle, die kulturelle (soziale und relationale) und die Gattungsdimension. Heute, in einer mit Bildern und Nachrichten saturierten Welt, in einer Welt der unmittelbaren Kommunikation, ist es vordringlich, sich von der Illusion des vermeintlich Evidenten zu befreien und sich nicht von Objekten abhängig zu machen, die vom Menschen geschaffen und von Menschen ausgenutzt werden. Man muss sich hüten, den Einzelnen auf den Konsumenten zu reduzieren und in den von der globalen Medienwelt geschaffenen Figuren die Verkörperung der Freiheit zu sehen. Es gilt, den Anspruch eines kritischen Blicks auf unsere Zeitgeschichte zu bewahren.

Die von den technologischen, insbesondere elektronischen Innovationen angebotenen Handlungshilfen vereinfachen und verkomplizieren zugleich die Beobachtung der Individuen, deren Körper sie in Beschlag nehmen oder erweitern. Ihre Gegner sind, selbst wenn sie ihrem Protest Gehör verleihen, Gefangene der Bilderwelt, die durch die enorme Ausweitung der Medien und der Kommunikation geschaffen wurde. Innerhalb weniger Jahrzehnte wurde unsere privateste Umgebung völlig umgekrempelt. Die Kategorien der Empfindung, Wahrnehmung und Vorstellung wurden von diesen Erfindungen und der Macht des industriellen Apparats, der sie unter das Volk bringt, auf den Kopf gestellt.

Der Körper wird aufgerüstet: Wir setzen ihn unter Drogen, putschen ihn immer effizienter auf. Schon bald werden wir seine Leistung dank Nanotechnologien steigern können, indem wir als glorreiche Form der elektronischen Transplantation Mikroprozessoren in ihn einführen. Das Paradox dieses triumphanten Körpers ist allerdings, dass er niemandes Körper mehr ist, dass er sich demjenigen entzieht, der ihn zu beherrschen meint, dass er Gefangener der Techniken oder Substanzen ist, die ihn über jede vorstellbare Leistungsgrenze hinauskatapultieren, so wie die zur elektronischen Überwachung genötigte Person Gefangene ihrer magischen Fußfessel bleibt. Wenn diese fiktiven Lockungen in die Wirklichkeit eindringen, lösen sie zunächst Erstaunen aus, dann Zweifel und schließlich die Furcht vor einer Enteignung des Menschen durch die Techniken, die er erfunden hat. Die Angst des Zauberlehrlings ist immer mit dabei und das umso mehr, als die Anwendungen der Technologien, die den Körper unverwundbar oder leistungsfähig machen, vor allem militärischer Natur sind. In dem Moment, in dem die Kriegsmaschinen beginnen, die Menschen zu ersetzen – man denke an Drohnen –, ist der Mensch auf Unverwundbarkeit und auf die Macht der Maschinen aus. Es ist zweifellos wahnwitzig, sich vorzustellen, dass Roboter sich eines Tages in Menschen verwandeln könnten, aber ungleich weniger wahnwitzig, sich den umgekehrten Verlauf vorzustellen und zu befürchten, dass die Menschen sich in Roboter verwandeln: Dafür gibt es Präzedenzfälle in der Geschichte, selbst ohne technologischen Eingriff.

Ethnologen haben traditionell die sozialen Beziehungen in ausreichend kleinen Gruppen studiert, da sie dort allein arbeiten konnten; sie haben sich bemüht, die sozialen Beziehungen zu erforschen, indem sie sie in ihrem Kontext verorteten. Nun ist heute der Kontext immer global, selbst in den hintersten Ecken des Amazonasgebiets oder der Sahara. Die Ausweitung der Räume des Verkehrs, des Konsums und der Kommunikation gibt uns schon eine Idee, wie die Welt von morgen aussieht, und sie korrespondiert sowohl für die Einzelnen als auch für die Gruppen einer Veränderung des Maßstabs, die die Definition des Kontexts beeinflusst, der definitiv immer global ist. Wenn sich das Terrain des Ethnologen verändert, dann nicht, weil es ihn besonders gereizt hätte, nach Hause zurückzugehen oder gleich zu Hause zu bleiben, sondern weil sich überall, im Amazonasgebiet wie in einer europäischen Stadt, der Kontext verschoben hat und mit ihm der Gegenstand der ethnologischen Beobachtung. Ob zu Hause oder woanders, der Ethnologe von heute befindet sich nicht mehr auf demselben Terrain wie gestern.

Was die Kommunikationsinstrumente und -räume betrifft, so gehören sie zugleich zum Kontext und zur Beziehung, und ihre Entwicklung mag früher oder später sogar diese Unterscheidung fragwürdig werden lassen. Die Ethnologen, die sich in Zukunft darum bemühen, die Funktionsweise der sogenannten sozialen Netze zu erforschen, werden sich zweifellos schwer damit tun, die Art der Beziehungen zu bestimmen, die sich aus der Umgebung herausbilden, der diese Beziehungen selbst angehören und die sie mitdefinieren. Unter diesen Bedingungen wird jeder Ethnologe zum Anthropologen, und der Anthropologe gehört ausdrücklich selbst der Gruppe an, die er studiert.

Es bleibt, dass keine technologische Entwicklung dazu berechtigt, Mittel und Zwecke zu verwechseln, und noch weniger dazu, über den geschichtlichen Fortschritt des wissenschaftlichen Wissens hinwegzusehen und die Augen vor der Sonderstellung des Menschen zu verschließen: Der Mensch ist ein Tier, aber ein symbolverarbeitendes und geschichtliches Tier; der Mensch erschafft Objekte und Maschinen, aber sie bleiben seine Werkzeuge. Die Koexistenz verschiedener Kulturformen hat nichts mit Artenvielfalt zu tun, denn die Menschen gehören einer Art an.

Um weiterhin wirksam die Gesellschaften und Individuen in ihrem Werden analysieren zu können, ist eine explizite Rückkehr zum modernen Paradigma des Elementaren unverzichtbar und drängend. Einige Verweise mögen dabei helfen. Ich habe Sartre und Mauss zitiert. Ein Anthropologe würde weitere Anhaltspunkte bei Lévi-Strauss finden, der in seiner »Einleitung in das Werk von Marcel Mauss«[9] den arbiträren Charakter des Symbolischen und die notwendige Entfremdung des Individuums herausstreicht, das in ein Leben in einer Welt einwilligt, die durch die Beziehung des Selbst zum anderen definiert ist – das heißt in einer Welt, die ich »kulturell« nenne. Weitere Hinweise fände man bei Balandier, der, bezüglich der »Kolonialsituation« Sartres Begriff der »Situation« aufgreifend, an die geschichtliche Dimension des Menschen in Gesellschaft erinnert;

und schließlich bei Rimbaud oder Lacan, aber um ihr »Ich ist ein anderer« zu hinterfragen. Die Gattungsdimension jeder singulären Individualität hervorzuheben, bedeutet praktisch, die Aussage umzudrehen und zu postulieren, dass bei aller Vielfalt und Pluralität der andere auch ein Ich ist.

Insgesamt scheint mir die Sozialanthropologie, verstanden als Beobachtung der sozialen Beziehungen in einer gegebenen Gruppe unter Berücksichtigung ihres Kontexts, dazu tauglich, die prinzipiellen Züge des zeitgenössischen Lebens zu erforschen. Die Abstammung, das Ehebündnis, die Verbundenheit der Generationen und die Residenz, die von ihr traditionell privilegierten Themen empirischer Forschung scheinen mir heute umso aussagekräftigere Untersuchungsgegenstände, als sie von bedeutenden Veränderungen mit erfasst werden und wir deren Sinn und Tragweite begreifen müssen.

Der Begriff »Anthropologie« selbst, der die Existenz des Gattungsmenschen postuliert, scheint mir das Ideal jeder Forschung zu benennen, indem er danach strebt, keiner ideologischen Täuschung aufzusitzen, und wäre sie technologischen Ursprungs. In der zugleich globalisierten und zersplitterten Welt, in der wir leben, scheint mir die anthropologische Beobachtung durch ihre Methode und ihren Gegenstand ehrlich gesagt nützlicher als jemals zuvor und sogar unverzichtbar, und wäre es nur, um die Oligarchen der triumphanten Globalität daran zu erinnern, dass die Beziehungen des Besonderen und des Allgemeinen nicht mit dem Lokalen und dem Globalen zu verwechseln sind.

Das Verschwinden der Religion oder das Ende der Vorgeschichte?

Die Relevanz der anthropologischen Analyse für ein Verständnis der heutigen Welt zu behaupten, heißt zugleich auch, sich für einen bestimmten Zugang zu dieser Welt auszusprechen und damit vorauszusetzen, was sie ist oder im Begriff ist zu werden. Hier kann es zu geistigen Widersprüchen kommen: Zwischen den Hypothesen, wie sie Wissenschaftler oder Gesellschaftsdenker formulieren, und den von Politikern ausgearbeiteten Hypothesen gibt es mögliche und wünschenswerte Parallelen und zugleich unauflösliche Unterschiede. Die politische Hypothese, die ich zu Anfang meiner Überlegungen als eminent wünschenswert dargestellt habe, bleibt vom Handeln der Menschen abhängig. Wir sind ständig davon bedroht, die Fehler zu wiederholen, die wir unseren Vorvätern vorgeworfen haben, die unter Einfluss ihrer »großen Erzählungen« der Menschheit eine glorreiche und utopische Zukunft beschieden hatten. Der Schlüssel zum Verständnis der Gegenwart mag von einer erträumten Zukunft irregeleitet werden, statt Aufschluss über eine problematische Wirklichkeit zu geben.

Wenn ich über die Vorgeschichte der Menschheit als Weltgesellschaft spreche, stütze ich mich auf wirkliche und belegbare Fakten (die Globalisierung des Markts und der Medien), spekuliere aber langfristig auf die Entstehung einer ebenso den ganzen Planeten umspannenden Gesellschaft, einer Gesellschaft von Erdbewohnern, deren Erscheinen ungewiss und deren Organisationsform in jedem Fall tatsächlich hypothetisch bleibt, auch wenn manche internationale Organisationen in gewissem Maße als Vorstufen erscheinen können.[10]

Heute lässt sich auch kein Bild der näheren oder ferneren Zukunft mehr entwerfen, ohne der neuen globalen Mobilität Rechnung zu tragen, die häufig mit neuen Formen der Gewalt, des Terrors oder des Kriegs verbunden ist. Nach dem 11. September 2001 haben wir alle begriffen, dass mit dem neuen Jahrhundert und der Globalisierung des Terrorismus eine neue Ära begonnen hat. In meinem *Journal de Guerre*[11] schrieb ich von einem neuen hundertjährigen Krieg, von einem inneren, höchst politischen, einem Bürgerkrieg, bei dem es um die Frage geht, ob die globale Utopie zu verwirklichen ist oder ob sie langfristig und bis zu den Sternen fortgeschwemmt wird von »den abwechselnden Imperativen des religiösen Wahns und der Barbarei des Marktes«[12]. Rund fünfzehn Jahre später bleibt diese Frage weiterhin offen.

Marcel Gauchet[13] hat sich seit Langem über die herannahende Zukunft und über den Prozess der »Entzauberung der Welt« (Max Weber) Gedanken gemacht, der in den am weitesten fortgeschrittenen Gesellschaften im Gange sei. Der christlich-jüdische Glaube erscheint ihm unter diesem Blickwinkel als die Religion »des Verschwindens der Religion«. Hier muss gleich präzisiert werden, dass Marcel Gauchet mit dem Verschwinden der Religion nicht den Glauben der Einzelnen meint, sondern ein Organisationsmodell der Gesellschaft. Die Ablösung des sozialpolitischen Organisationsmodells vom religiösen Modell werde durch die westliche Welt bewirkt, deren Einfluss sich über den ganzen Planeten ausgebreitet hat. Der Westen habe unter dem Einfluss des Christentums die Idee des Individuums befördert; der religiöse Glaube wird der Privatsphäre des Individuums zugehörig begriffen, daher bedeute die westliche Globalisierung eine völlige Befreiung vom religiösen Modell als Gesellschaftsmodell: Die moderne Revolution des Rechts besteht darin, dass das primäre Recht der Einzelnen zur Quelle jeder Rechtmäßigkeit wird. Das ist, was wir seit dem Ende des 18. Jahrhunderts die »Menschenrechte« nennen.

Die Analysen Marcel Gauchets scheinen mir besonders in verschiedenen jüngeren Beiträgen interessant, weil sie zum Verständnis des gegenwärtigen muslimischen Fundamentalismus beitragen. Der Islam ist die jüngste der monotheistischen Religionen und hat den Anspruch, seine beiden Vorgänger mit zu umfassen und zugleich über sie hinauszugehen. Nun waren die muslimischen Länder aber vom Westen kolonialisiert und beherrscht, und dieses Missverhältnis zwischen der Wahrnehmung des Islam als fortgeschrittenster Religion und der politischen Unvollendetheit der Länder, in denen er vorherrscht, bildet die Quelle von Unzufriedenheit und einer virulenten antiwestlichen Einstellung. Der Dschihadismus der in Europa geborenen Jugend erklärt sich paradoxerweise aus ihrem Verlangen, zu Individuen im vollen Wortsinn zu werden – einem Verlangen, das angesichts ihrer Marginalisierung nur in der Gebärde der Hinwendung zum islamischen Radikalismus Ausdruck findet. Der Fundamentalismus und der Dschihadismus wären so gewissermaßen ein paradoxes Zeichen des Verschwindens des Religiösen.

Wenn ich vom Ende der Vorgeschichte spreche, denke ich klarerweise an ein Phänomen, das Gauchets »Verschwinden der Religion« weitreichend ähnelt, nämlich an die Entstehung einer globalen Welt, die strukturell nicht in erster Linie auf die Religion gebaut wäre. Beide Konzeptionen stimmen in der Bestimmung des Phänomens überein, oder, um genauer zu sein, in der Anerkennung der Tatsache, dass die Krämpfe, die die heutige Welt schütteln, Wehen ähneln und als Vorspiel zu einem schmerzhaften Übergang zur globalen Größenordnung gedeutet werden können.

Doch wenn man das Christentum zur Religion des Verschwindens der Religion erklärt, konzentriert man sich dann nicht zu sehr auf den Katholizismus? Und ist man damit außerdem nicht etwas vorschnell in der Beurteilung der vormonotheistischen heidnischen Gesellschaften? Man könnte ebenso zu der Einschätzung gelangen, dass sich die Geschichte Griechenlands und Roms auf dem Weg zu einer nichtreligiösen Weltordnung befand. Jean-Pierre Vernant[14] hat in diesem Zusammenhang darauf hingewiesen, dass in der Blütezeit der griechischen Religion niemand an die wirkliche Existenz der Götter glaubte; die griechische Tragödie inszeniert als

Fiktionen erfundene und auch als solche wahrgenommene Figuren. Die Bekehrung des Reichs zum Christentum in der Spätantike könnte in anderen Worten sehr wohl als ein spektakulärer Rückschlag für die der griechisch-römischen Welt entsprungene Idee des Individuums und als ein Ausscheren aus der normalen Entwicklung der heidnischen Institutionen erscheinen.

Die heidnischen Götter, allgemeiner betrachtet, helfen bei der Erklärung und praktischen Bewältigung der Ereignisse des Lebens. Das Unglück ist das häufigste dieser Ereignisse: Leid und Tod verlangen eine Erklärung, werden als Zeichen einer schlechten Beziehung zwischen den Menschen in der Gesellschaft angesehen. Die Götter haben die Aufgabe, ein Licht auf diese Beziehungsprobleme zu werfen, denen in der heidnischen Logik die Zeichen des Unglücks oder des Leids entsprechen. Sie sind mit inneren Angelegenheiten beauftragt und stehen in enger Verbindung mit der Natur, als deren Ausdruck sie erscheinen können (eine Pflanze, ein Heilmittel, die Meereswelle oder der Blitz am Himmel). Daher ihre Zerbrechlichkeit als autonome Einheiten: Sie existieren nach dem Bild der Menschen, die einen Kult um sie erschaffen, sie sind vielfältig, wie auch der Mensch vielfältig ist, der sie benutzt, um sie zu deuten, und versucht, sie zu bezähmen. Sie fristen ein beharrliches und zugleich fragiles Dasein. Sie können sich verändern, sich verwandeln, sich vermehren oder verschwinden. Sie sind den Elementen der Natur so nah, dass sie stets Gefahr laufen, als bloße Metapher aufgefasst zu werden. Woraus sich zweifellos ihr literarisches Schicksal erklärt, aber auch der von ihnen dargestellte mögliche Übergang zu einer Welt ohne jegliche göttliche Präsenz. Die Idee, dass das Christentum die Religion des Verschwindens der Religion wäre, überspringt das mögliche weitere Los der polytheistischen Religionen, wenn sie nicht gewaltsam zerschlagen worden wären, sowie die Natur der Individualisierung, die dem Christentum zu eigen ist.

Der christliche Monotheismus besitzt eine Konzeption vom einheitlichen Individuum; er reißt das Individuum aus dem Beziehungsnetz, das es konstituiert, heraus und stellt es als singuläre Einheit vor Gott, der es geschaffen hat, wie er alle Menschen geschaffen hat. Von da aus wird die ursprüngliche Logik des Monotheismus wirksam, eine Logik der spirituellen Eroberung (man muss die Ungläubigen bekehren): Im Gegensatz zu den Polytheismen hängt der Monotheismus an der Tatsache seiner Doppelbeziehung, einerseits natürlich auf den einzigen Gott, aber andererseits auch auf die Einzigkeit des Menschen. Vom Proselytentum zum Eroberungsgeist ist es nur ein kleiner, häufig vollzogener Schritt. Der Kreuzzug und der Dschihad sind eng mit der Existenz der Monotheismen verbundene Ideen und Realitäten.

Ein Verschwinden der Religion also? Vielleicht, aber kann die von den monotheistischen Religionen etablierte intime Beziehung zwischen dem Einzelmenschen und seinem Gott wirklich die Autonomie der kommenden politischen Organisation gewährleisten? Stellt der französische Laizismus nicht eine Ausnahme dar? Ist das Christentum nicht der einzige Monotheismus, dem teilweise sein Verschwinden geglückt ist?

Bezüglich der aktuellen Konjunktur stimme ich der von Gauchet vorgeschlagenen Analyse des Islam und der Neigung der in Europa geborenen Jugendlichen zu, stimme auch der Dringlichkeit einer Umgestaltung der Bildung zu. Mir scheint jedoch, dass dieser gigantische Bildungsaufwand ein zwar notwendiges, aber zugleich utopisches Ziel darstellt, insofern er nämlich global sein muss, um voll wirksam zu werden.

Die gegenwärtigen Bevölkerungsbewegungen sind bereits seit einiger Zeit im Gange und offensichtlich nicht nur durch die zweideutige Anziehungskraft des Nordens auf den Süden bestimmt. Sie sind eine Quelle für Spannungen innerhalb Afrikas und Lateinamerikas. Der Zustrom Flüchtender nach Europa wirft unabhängig von seinen praktischen und logistischen Aspekten unmittelbar das Problem der Bildung auf, wenn man nicht die Fehler wiederholen will, die in Frankreich in den 1970er Jahren bei der Familienzusammenführung gemacht wurden, als man die Notwendigkeit der Anpassung der Schule an die Bildungsstufen der Neuankömmlinge versäumte.

Die Globalisierung vollzieht sich in ihrem eigenen Rhythmus, und ihre Geschichte ist noch lange nicht an ihr Ende gelangt, wenn es denn jemals so weit kommt. Sie konfrontiert uns mit wirklichen Unterschieden und Ungleichheiten der Welt und darüber hinaus mit beträchtlichen institutionellen Schwierigkeiten. Heute zwingt uns die Geschichte, erneut in aller Dringlichkeit die unvermeidlichen Fragen nach Inhalt und Form zu stellen, die bislang nur langfristig ausgerichtete

Antworten verlangten: Was ist der Zweck der menschlichen Existenz? Und was tun, um ihn zu verwirklichen?

Ethnofiktion, Fiktion und Utopie

Im Unterschied zur Ethnoanalyse, die für mich ein bloßes Wort geblieben ist, eine schlichte Erinnerung an die Notwendigkeit, in der Analyse sozialer Verhältnisse die individuelle Psyche zu berücksichtigen, definiert die Ethnofiktion ein literarisches und anthropologisches Genre, dessen Ursprünge ich im 18. Jahrhundert bei Montesquieu und Voltaire ansetze. Beide Autoren haben Figuren erschaffen, deren Blick sich auf die zeitgenössische Welt richtete und ihre Züge in aller Klarheit für die Leser hervortreten ließ. Montesquieus *Persische Briefe* und Voltaires *Candide* sind bis heute nicht nur für ihre psychologische Tiefe berühmt, sondern auch für ihre Fähigkeit zur plastischen Darstellung – im einen Fall der Widersprüche und Skurrilitäten des Gastlandes Frankreich, im anderen des Kontrasts zwischen einer optimistischen Weltsicht und der harten Wirklichkeit. Zeitlich noch früher könnten wir bestimmte Aspekte der Werke Rabelais' und Cervantes' anführen, doch die Ethnofiktion des 18. Jahrhunderts ist kurz in der Form und auf ein spezifisches Thema konzentriert. Das Interesse an der Figur bezieht sich in der Ethnofiktion weniger auf ihre Psychologie oder ihren Charakter als auf die Natur des Blicks, den sie auf ihre Umwelt hat.

Während sich die Ethnoanalyse mit dem Gegenstand der Forschung selbst befasst, ist die Ethnofiktion eine Form von Exposition: Wie dem Leser effizient den Inhalt einer Analyse vermitteln oder wenigstens versuchen, ihm einen bestimmten Blickpunkt nahezubringen? In beiden Fällen geht es um das Individuum. Doch im ersten Fall handelt es sich bei dem Individuum um den Untersuchungsgegenstand: Man versucht, die Beziehung zwischen der individuellen Psyche und der Gemeinschaft, in die es sich einschreibt, zu berücksichtigen. Im zweiten Fall geht es um das lesende Individuum und die Weise, wie man es für die behandelte Frage und zugleich für die Antworten, die man zu geben versucht, sensibilisieren kann.

Die Fiktionen der anderen, die diese selbst als Fiktion oder als von historischer und zugleich religiöser Bedeutung ansehen, stellen für Ethnologen ein bevorzugtes Forschungsobjekt dar; die Erzählungen, die Mythen derer, die sie studieren, sind akribisch analysiert worden. Es ging so weit, dass Ethnologen, von den Fiktionen der anderen verführt, mehr zu deren Vorsängern als deren Analytikern wurden und, indem sie mit der auferlegten Distanz der Ethnologenrolle brachen, sich schlicht in mehr oder weniger gelehrte Gewährsleute verwandelten, die im Namen der Kultur sprachen, die zu studieren sie aufgebrochen waren. Andererseits haben sich gewisse Ethnologen manchmal gefragt, ob zur Darstellung spektakulärer, barocker und komplexer Aspekte dessen, was sie vor Augen hatten, der Rückgriff auf eine fiktive Erzählung nicht angemessener wäre als eine strenge, aber trockene Analyse, der, so umfassend sie auch wäre, doch etwas von der außerordentlich irritierenden Wirklichkeit entginge. Ich habe in meinem Buch *La Vie en double* berichtet, was mir über dieses Thema der australische Ethnologe Michael Taussig bezüglich des alljährlichen Fests der Maria Lionza auf dem Berg Sorte in Venezuela anvertraut hatte; große Volksmengen versammeln sich in der Nacht um Dutzende Altare herum, wo ihr Kult gefeiert wird und wo insbesondere verschiedene Formen von Exorzismus praktiziert werden. Taussig sah nur in der Fiktion eine Möglichkeit, seinen Lesern eine Entsprechung dessen zu vermitteln, was er in dieser Nacht erlebt hatte, und vielleicht auch selbst überhaupt das ganze Ausmaß zu erfassen. Über Fiktion zu sprechen, hieß vor allem, über den Denkstil zu sprechen, über das Bedürfnis, eine Emotion oder einen Eindruck zu erfassen, um durch die Verschriftlichung etwas für den Leser aufzubewahren.

Die Frage stellt sich anders, wenn der Ethnologe in einem auf den ersten Blick weniger erstaunlichen Milieu arbeitet und sich für der Erscheinung nach vertraute Gewohnheiten interessiert, bei denen es sich für ihn umgekehrt darum dreht, sie in ihrer problematischen Dimension erscheinen zu lassen. Einige meiner Bücher habe ich mit Ausführungen begonnen, die sich als Ethnofiktion in diesem Sinne verstehen lassen. Am Anfang von *Nicht-Orte* etwa findet man die Beschreibung der Formalitäten, die ein Reisender erledigen muss, wenn er mit dem Auto zum Flughafen fährt und dann die diversen Prozeduren durchläuft, an deren Ende er schließlich in der abhebenden Maschine sitzt;

und *Zeit ohne Alter* beginnt mit einer vertraulichen Erinnerung an die Geschichte einer kleinen Katze, die mich in meinen Jugendjahren begleitet hat.

Ethnofiktion verdient ihren Namen, soweit sich das präsentierte Idealbild auf eine möglichst eingehende kritische Analyse der Wirklichkeit stützt. Wenn diese Analyse fehlt oder man die Ergebnisse schon voraussetzt, bewegen wir uns auf dem Boden der reinen Fiktion, Fabel oder Erzählung, die durch den wünschenswerten Charakter der von ihr ausgemalten, erträumten Zukunft überzeugen möchte.

In diesem Sinne ist *La Sacrée Semaine qui changea la face du monde* Fiktion und keine Ethnofiktion mehr, auch wenn ich darin letztlich Fragen behandle, die für die Anthropologie von großem Interesse sind. In diesem Buch ging es mir zunächst darum, eine Geschichte mit Spannung, überraschenden Wendungen und einem Ende zu erzählen. Ich wollte meine Figuren gegen den Strich bürsten: Der Papst erklärt, dass Gott nicht existiert und die Obamas stiften das globale Komplott an, das zur Ausmerzung der religiösen Gewalt auf der Erde führen wird. Außerdem wollte ich ein Bild unserer gegenwärtigen Welt zeichnen, in der sich religiöse Gewalt überall ausbreitet, vor allem, aber nicht ausschließlich, in Form des islamischen Terrorismus. Schließlich ging es mir auch darum, das Bild einer befriedeten Welt zu liefern, die sich am nächsten Tag vor unseren Augen auftäte, wenn das Angebot der Religion durch plötzlichen und totalen Zusammenbruch der Nachfrage verschwände. Die für den Kampf gegen die Unsicherheit und den Terrorismus eingesetzten Summen würden in Bildung und den Umweltschutz investiert. Wir würden die Idee des Glücks neu erfinden.

Es handelt sich also um eine utopische Erzählung oder Fabel, die aber doch Gedanken in zwei Richtungen anstoßen kann. Einerseits, wofür steht der Name Gott? Und andererseits, warum ist in einer Zeit, in der einzig im Bereich der Wissenschaft der Begriff des Fortschritts unstrittig ist, das rationale Denken nicht in der Lage, die Menschheit zu einen?

Zweifellos sind wir mit *La Sacrée Semaine* bereits über Ethnofiktion hinaus, allerdings mit einem Programm engagierter Anthropologie, die ihren Standort und ihre Existenzberechtigung deutlich macht. Die Ideale, denen die am Ende des Buchs skizzierte utopische Welt entspricht, sind die der Bildungsutopie, deren Notwendigkeit ich in meinen jüngsten Überlegungen häufig unterstrichen habe.

Die Anthropologie der heutigen Welten hat zu ihrem höchsten Zweck, all das an diesen Handlungsweisen und an den diesen verschiedenen Welten entsprechenden Prinzipien hervorzuheben, was der schrittweisen Verwirklichung einer solchen Utopie entgegensteht, die einzig einen vereinten und auf Wissen ausgerichteten Planeten ermöglichen würde.

Eine solche Welt würde sich radikal von jenen unterscheiden, mit denen die Ethnologen gewöhnlich Kontakt haben, selbst wenn sie sich, wie es seit mehreren Jahren der Fall ist, bis zu den bedeutsamsten Punkten unserer Moderne vorwagen. Ein Einwand könnte lauten, dass eine solche Welt darzustellen hieße, die Analyse der Wirklichkeit hinter sich zu lassen. Aber wo ist eigentlich die Wirklichkeit? Wir sind trotz Globalisierung mit einer Vielzahl an Welten konfrontiert: die Geschäftswelt, die Finanzwelt, die Arbeitswelt, die Welt des Sports, die Welt der Literatur, die Welt der Mode, die Kunstwelt ... Um nicht von den mehr oder weniger umfassenden Welten betont ideologischen Inhalts zu sprechen: die islamische Welt, die schiitische Welt, die sunnitische Welt, die katholische Welt, die protestantische Welt. Der Begriff der »Welt« ist gewiss nicht sehr methodensicher und wird unkritisch gebraucht, aber aus diesem Grund interessiert er den Beobachter der Gegenwart. Er entstammt der Sprache, mit der wir spontan unser Umfeld beschreiben. Diese Welten, die uns häufig abgeschlossen erscheinen, Spezialisten oder Anhängern vorbehalten, würden sich unter der Hypothese der verwirklichten Bildungsutopie öffnen: Ihre Codes, ihre Fachsprachen wären für alle verfügbar. Gleichzeitig entstünde eine wirkliche Gleichheit: nicht eine Angleichung der Kompetenzen und Verhaltensweisen, sondern die gleiche Fähigkeit, die jeder Welt eigenen Herausforderungen wahrzunehmen und zu verstehen; jeder Einzelne gewönne so praktisch die Freiheit, sein Mitspracherecht in den globalen Angelegenheiten wahrzunehmen. Ein Entwurf dieser Verhältnisse ist heute in den sozialen Netzen angelegt, doch dieser Entwurf wird sich als trügerisch erweisen, sofern man sich, das Pferd vom Schwanz aufzäumend, damit zufrieden gibt, im elektronischen Speicher Bekanntschaften anzuhäufen, ohne die Bedingungen einer Bildung für alle zu schaffen, die jedem erlauben würde, sich wirklich und effektiv zu informieren.

Heute ist der Einzelne allein vor seinem Rechner der Informationsflut ausgesetzt, die ungefiltert und unbestätigt, ohne Vorprüfung auf ihn einströmt. Er bastelt sich selbst sein Wissen zusammen, ohne immer auf die impliziten Botschaften zu achten, die ihm übermittelt werden und die ihn manipulieren. Für diejenigen, die bereits über Wissen verfügen und die wissen, wie man sucht, ist das Internet eine Fundgrube; für andere ist es eine Fallgrube.

An dem Tag, an dem die Bedingungen für eine Bildung für alle verwirklicht sind und die Wissensressourcen voll ausgenutzt werden können, werden wir die Vorgeschichte hinter uns lassen und wirklich in die Geschichte der globalen Menschheit eintreten. Ich formuliere hier einen Wunsch, vielleicht einen Traum. Doch häufig und durchaus legitim wird dem Anthropologen, der seine Analysen vorlegt, die Frage gestellt: Was denken Sie über die aktuelle Situation? Welche Zukunft sehen Sie? Nicht darauf zu antworten hieße, den Daseinsgrund der anthropologischen Arbeit infrage zu stellen, ihre Sinnlosigkeit herauszustreichen. Doch zu antworten bedeutet, sich missbräuchlich zu einem Seher aufzuschwingen. Will man mit einem nachvollziehbaren Wunsch antworten, bietet die Fiktion einen ehrlichen Weg.

Einige begriffliche Präzisierungen verhelfen uns an dieser Stelle zu einem klareren Verständnis der Herausforderungen, vor die uns die veränderte Größenordnung stellt. Der Begriff »Weltreich« ist politisch;

verschiedene Staaten in der Geschichte haben den Anspruch erhoben, die Welt unter ihrer Herrschaft zu regieren, doch diese Welt hatte nicht den Umfang des ganzen Globus. Christoph Kolumbus hat seinerseits nicht die ganze Erde umrundet. Die gegenwärtige Globalisierung ist technologischer und ökonomischer Natur und in dieser Hinsicht ebenfalls nicht umfassend: Bestimmte politische Regime beschränken den Zugang zu den globalen Kommunikationsnetzen; wir wissen, dass die freie Zirkulation der Handelswaren, der Kapitale und der Finanzströme noch auf bestimmte Hindernisse stößt. Dennoch umspannen die Kommunikationsnetze die ganze Erde und die Weltwirtschaft ist eine Realität, mit der alle Staaten umgehen müssen. Der Begriff »Planetarisierung« (*planétarisation*) hat zwei komplementäre Bedeutungen: Geografisch bezeichnet er konkret den Umfang und die Grenzen jeder politischen und technologischen Globalisierung; ökologisch bezieht er sich auf den Planeten als physischen Körper, als Gemeingut der Menschheit und der Gesamtheit der Lebewesen, die den Gefahren ausgeliefert sind, die durch das Handeln einer demografisch immer weiter wachsenden Menschheit entstehen. Übersäuerung der Böden und Löcher in der Ozonschicht stehen in direktem Zusammenhang mit der Aktivität des Menschen.

Die Entstehung eines Bewusstseins über die Gefahren der Klimaerwärmung kann gravierende soziale Auswirkungen haben. Die Pariser Klimakonferenz hat im Jahr 2015 einen Willen zur Annäherung zwischen Industrieländern und Entwicklungsländern gezeigt, da erstere nicht leugnen konnten, dass ihre Entwicklung für die Kohlendioxidemissionen verantwortlich war, die zur gegenwärtigen Erwärmung des Planeten geführt haben, und letztere (ohne dass erstere von diesen Vorwürfen ausgenommen wären) die mangelnde Kontrolle bei der Deponierung von gesundheitsschädlichem Abfall jeder Art anerkennen mussten. Die nuklearen Katastrophen (Tschernobyl, Fukushima) lassen sich nicht einfach als lokale Unfälle abtun; das globale Bewusstsein erwacht zuerst angesichts der Bedrohung durch mögliche Katastrophen; es handelt sich um ein ängstliches und unglückliches Bewusstsein, das aber den Vorzug aufweist, ein objektives Solidaritätsempfinden all derjenigen hervorzurufen, die dem Risiko der Streuung und Kontamination ausgesetzt sind. Das Problem der Kernenergie ist in dieser Hinsicht sehr aufschlussreich: Unabhängig von der Atomwaffenfrage erhöhen sich die Risiken von Atomkraftwerken heute durch die terroristische Bedrohung, die sich ebenfalls globalisiert, sodass wir letztlich angesichts der globalen Situation ebenso gut befürchten können, dass sie der menschlichen Dummheit Gelegenheit gibt, eine beispiellose Katastrophe herbeizuführen, wie wir hoffen können, dass sie letzten Endes ein Bewusstsein der notwendigen Solidarität schafft, die die menschliche Gattung definieren müsste, um überleben zu können.

Schluss

Für einen Anthropologen, der es gewohnt ist, seine Umgebung unter die Lupe zu nehmen, stellt sich die aktuelle Gegenwart als beschwerlich und spannend zugleich dar. Wir alle wohnen mit einer Art erregter und ängstlicher Faszination dem Schauspiel der Bevölkerungsbewegungen, der Gewalt und der politischen Krisen bei, die den Übergang zur globalen Ära markieren. Zur gleichen Zeit gewöhnen wir uns ungerührt daran, das Sonnensystem als nähere Umgebung wahrzunehmen und ernsthaft die Frage zu stellen, ob sich nicht ein Teil der Menschheit eines noch fernen Tages gezwungen sehen wird, dort Zuflucht zu suchen. Wir wagen noch nicht, uns alle demografischen und sozialen Folgen der Erderwärmung und des steigenden Meeresspiegels auszumalen.

Wir können uns diesen Fragen aus einem politischen Blickwinkel nähern, Verantwortlichkeiten und Gegenmaßnahmen suchen, uns beunruhigen, uns Fragen stellen, uns empören oder uns Sorgen machen. Doch wir müssen sehen, wo wir jetzt und heute stehen.

Eine der ersten Feststellungen war, dass die Situation des Kolonialismus und die »vorplanetare« Situation in mehreren Aspekten durchaus vergleichbar sind.

Selbst wenn die Herrschaftsverhältnisse, die erstere kennzeichneten, nicht verschwunden sind, haben wir uns, komme, was da wolle, in dasselbe globale Abenteuer aufgemacht, dessen Konsequenzen wir täglichen zu spüren bekommen, ohne die Ursachen und Verantwortlichen unbedingt deutlich ausmachen zu können. Die ersten Kolonialisierten kannten diese Unsicherheit, die zu ambivalenten Urteilen führen kann, wie wir sie heute über die Globalisierung fällen: Ist sie gut oder schlecht? Wohin führt sie uns? Zu einer besseren Welt? Oder einer härteren und ungerechteren?

Das Verhältnis von Identität und Andersartigkeit ist für die Beziehungen zwischen Individuen und die Beziehungen zwischen kollektiven Einheiten gleichermaßen konstitutiv. Die drei Dimensionen des Menschen (Einzelner, Kultur, Gattung) erklären, dass man Psychologie und Soziologie nicht radikal voneinander trennen kann: Die Anthropologie hat daher einen umfassenden Anspruch, der sie im Besonderen relevant für eine Annäherung an die gegenwärtigen Situationen macht, in denen der individuelle und gesellschaftliche Kontext letzten Endes immer global ist.

Die Religionsfrage, die heute brandaktuell erscheint, fällt in den Kompetenzbereich der anthropologischen Analyse – insofern mit ihr nicht nur die Trennung zwischen Privatsphäre und Öffentlichkeit auf dem Spiel steht, sondern zugleich auf einer theoretischen Ebene der Status des reflexiven Denkens, des Verhältnisses zwischen Selbst und Selbst und zwischen Selbst und dem anderen.

Der Schwindel, der uns als menschliche Gattung

angesichts der sich eröffnenden Perspektiven erfassen kann, wirft die Frage nach den Zwecken auf: Wofür leben wir? Das ist eine Frage, die jedem begegnet, eine entwaffnend einfache Frage, wie man sagt, doch wir dürfen nicht resignieren und die Waffen strecken. Die angewandte Anthropologie trifft sich wieder mit der allgemeinen Anthropologie, wenn sie die Bildungsfrage zum zentralen Anliegen macht, in dem alle durch die anthropologische Verfahrensweise aufgeworfenen Fragen zusammenlaufen: Wenn Ich ein anderer ist, ist der andere auch ein Ich. Nur eine verallgemeinerte Bildung kann allen diese doppelte Gleichung greifbar machen, indem sie alle Egozentrismen, Ethnozentrismen und alle Formen von Bekehrungseifer hinwegfegt.

Die Bildungsutopie wird ein Ideal bleiben – aber es ist zweifellos gut, dass so wenigstens eine Richtung verbindlich angezeigt wird und dass dieses Ideal, so utopisch es auch noch erscheinen mag, seinen Ort gefunden hat: den ganzen Planeten. Den Anthropologen von morgen, im Ausgang aus der Vorgeschichte, wird es darum gehen, die Kristallisationspunkte dieser Bildungsutopie in einer Wirklichkeit werdenden Weltgesellschaft zu identifizieren, ja sogar sie zu sichern.

Das Drama der gegenwärtigen Epoche, in dem zugleich ihre Hoffnung liegt, ist, dass sie von jetzt an die Menschheit mit der Notwendigkeit konfrontiert, die Utopie zu verwirklichen, wenn sie die doppelte Gefahr, die sie bedroht, abwenden will: die wachsende Ungleichheit zwischen den Individuen einerseits und eine allgemeine Auflösung im Medienuniversum andererseits – oder um es härter auszudrücken, die doppelte

Bedrohung des Ausschlusses mancher und der Entfremdung aller. Die Verwirklichung der Utopie zeigt eine Richtung und impliziert eine Vorgehensweise.

Die Richtung ist klar, selbst wenn das Ziel sich noch in weiter Ferne befindet. Das zugleich kritische und zukunftsorientierte Vorgehen hingegen ist bereits jetzt schon alltäglich: Es kann dem Begriff der Anwendung wieder Bedeutung zurückgeben oder – was mir hier mehr angezeigt scheint – dem Begriff des Engagements, der allein der Utopie Substanz verleihen kann. Die engagierte Anthropologie wird als Erstes zur Aufgabe haben, allen verständlich zu machen, dass die offensichtlichen Widersprüche überwunden werden können, wenn man sie auf die Spitze treibt. So wird das Respektieren der Unterschiede nicht an den Kulturgrenzen haltmachen können; denn jeder Einzelne hat das Recht auf Respekt für seine Andersartigkeit, sei sie durch Geschlecht oder Abstammung. Dieses Recht müsste noch deutlicher durch die Planetarisierung (*planétarisation*) hervortreten, die dem Begriff der Grenze, verstanden als Ort des Übergangs vom einen zum anderen, vom Ich zum Du, und umgekehrt, ihre wahre Bedeutung verleihen wird.

Der Anthropologie eine pädagogische Aufgabe, einen intellektuellen und moralischen Bildungsauftrag zuzuweisen, verlangt viel von ihr und lässt sie vielleicht den Bereich verlassen, der normalerweise einer Geistes- und Sozialwissenschaft zufällt. Doch die Gesellschaften, auf die sich das Interesse der Anthropologen richtet, befinden sich selbst in Bewegung, sie sind im Begriff, die Grenzen zu durchbrechen, die ihnen als geografische, geistige und moralische Orientierung und Begrenzung gedient haben. Darin liegt der tiefere Sinn dessen, was wir »Globalisierung« nennen. Diese Bewegung zu begleiten, indem wir alle und insbesondere diejenigen, die in dieser neuen Welt geboren sind, aufwachsen und groß werden, daran erinnern, was die symbolischen Grundlagen der menschlichen, auf irreduzible Weise zugleich individuellen und sozialen Existenz sind, scheint mir heute und weit in die Zukunft hinein eine entscheidende Aufgabe.

Ist die Anthropologie also, um Sartre noch einmal aufzugreifen, ein Humanismus? Ja, weil sie sich bemüht, die Übereinstimmung der von den verschiedenen Kulturen der Welt gestellten Fragen zu betonen, ohne sich von ihren jeweiligen Antworten zu entfremden; weil sie die Spannung zwischen den Zwängen des sozialen Sinns und dem Anspruch individueller Freiheit deutlich macht; weil sie die Grenzen zwischen Kulturen und die Grenzen zwischen Individuen als Schwellen und nicht als Barrieren auffasst; weil sie ihrer doppelten Berufung als in der Weltgeschichte engagierte theoretische und angewandte Disziplin folgt, ist die Anthropologie ein Humanismus. Aus all diesen Gründen darf man glauben, dass sie der Menschheit helfen können wird, die Gesellschaft der Erdbewohner, deren Möglichkeit wir heute hinter den Krämpfen einer schwierigen Geburt erblicken, auf die Welt zu bringen, zu verstehen und Wirklichkeit werden zu lassen.

Anmerkungen

1 Jean-François Lyotard, *Das postmoderne Wissen*, Wien 2012.
2 Francis Fukuyama, *Das Ende der Geschichte*, München 1992.
3 Jacques Derrida, *Marx' Gespenster*, Frankfurt/M. 2016.
4 Émile Durkheim, *Die elementaren Formen des religiösen Lebens*, Frankfurt/M. 1994, S. 572.
5 Georges Devereux, *Ethnopsychanalyse complémentariste*, Flammarion 1972 (dt. *Ethnopsychoanalyse. Die komplementaristische Methode in der Wissenschaft vom Menschen*. Frankfurt/M. 1978).
6 Emil Cioran, *Syllogismen der Bitterkeit*, Frankfurt/M. 1980, S. 21.
7 Clifford Geertz, *The Interpretation of Cultures*, New York 1973.
8 Bruno Latour u. Steve Woolgar, *Laboratory Life*, Beverly Hills 1979.
9 Claude Lévi-Strauss, »Einleitung in das Werk von Marcel Mauss«, in: Marcel Mauss, *Soziologie und Anthropologie*. Band 1: Theorie der Magie. Soziale Morphologie, Frankfurt/M. 1999.
10 Michel Agier, *Campament urbain. Du refuge naît le ghetto*, Paris 2013.
11 Marc Augé, *Journal de Guerre*, Paris 2002.
12 Marc Augé, *Journal de Guerre*, Paris 2002, S. 83.

13 Marcel Gauchet, *Le Désenchantement du monde*, Paris 1985.

14 Jean-Pierre Vernant, *Mythos und Religion im alten Griechenland*, Frankfurt/M. 1995.

Erste Auflage Berlin 2019

MSB Matthes & Seitz Berlin Verlagsgesellschaft mbH
Göhrener Str. 7 | 10437 Berlin
info@matthes-seitz-berlin.de

Umschlaggestaltung: Dirk Lebahn
Satz: psb, Berlin
Druck und Bindung: Pustet, Regensburg
Printed in Germany

ISBN 978-3-95757-701-6
www.matthes-seitz-berlin.de